"十四五"职业教育国家规划教材

幼儿园多媒体课件制作

主 编 郑春艳 王 娟
副主编 宋丽新 赵云雷

北京理工大学出版社
BEIJING INSTITUTE OF TECHNOLOGY PRESS

内容简介

多媒体课件制作是各级各类教师必备的能力之一，本书是为高等学校学前教育专业《幼儿园多媒体课件制作》课程编写的教材，共分为五个模块：第一模块为理论部分，介绍了多媒体课件的概念、特点、类型和多媒体课件制作的理论基础、基本原则、基本流程；第二模块讲解了各类多媒体素材的采集、加工方法；第三至第五模块分别以PowerPoint、Flash、Camtasia Studio为例，详细讲解了幼儿园中常用的演示型课件、动画型课件、屏幕录制的制作方式、方法和技巧。

本书以课件制作的流程为主线，以实用性为宗旨安排内容，全书阐述以任务引领的方式展开，包含任务、知识与技能、拓展学习等内容，结构完整，条理清晰，突出了实践性和系统性。本书既适合学前教育专业的相关教学使用，也可用于在职教师的继续教育或参考用书。

版权专有　侵权必究

图书在版编目（CIP）数据

幼儿园多媒体课件制作 / 郑春艳，王娟主编. -- 北京：北京理工大学出版社，2019.4（2024.1 重印）
ISBN 978-7-5682-6862-2

Ⅰ.①幼… Ⅱ.①郑…②王… Ⅲ.①学前教育-多媒体课件-制作-高等学校-教材 Ⅳ.①G436

中国版本图书馆 CIP 数据核字（2019）第 051550 号

责任编辑：潘　昊	**文案编辑**：潘　昊
责任校对：周瑞红	**责任印制**：施胜娟

出版发行 / 北京理工大学出版社有限责任公司
社　　址 / 北京市丰台区四合庄路 6 号
邮　　编 / 100070
电　　话 / （010）68914026（教材售后服务热线）
　　　　　　（010）68944437（课件资源服务热线）
网　　址 / http://www.bitpress.com.cn
版 印 次 / 2024 年 1 月第 1 版第 11 次印刷
印　　刷 / 定州市新华印刷有限公司
开　　本 / 787 mm × 1092 mm　1/16
印　　张 / 10.5
字　　数 / 245 千字
定　　价 / 30.00 元

图书出现印装质量问题，请拨打售后服务热线，负责调换

前 言

党的二十大报告强调"教育、科技、人才是全面建设社会主义现代化国家的基础性、战略性支撑",提出"培养高素质教师队伍"和"推进教育数字化,建设全民终身学习的学习型社会、学习型大国"。聚焦党的二十大关于教育的战略地位与战略部署,为学前教育的发展提供了强大动力,学前教育专业学生是未来的幼儿教师,将是全面推进素质教育,实施数字化教育的主力军,因此,学前教育专业学生具备幼儿园课件制作能力不仅有利于提高学生的信息技术水平和信息素养,更有利于推进我国教育数字化的战略部署与发展。

随着信息技术的发展,多媒体技术已经广泛应用于各级各类教学中,多媒体具有形、色、光、声并茂的特点,且能提供活动影像,它的应用为教育教学提供了理想的环境,对教育教学模式、教学方法等产生了深刻的影响,成为当前教育改革的重要内容。在幼儿教育中,多媒体所具有的上述特点能够吸引幼儿的注意力,提高幼儿的学习兴趣,进而提高幼儿的学习效果,所以,多媒体课件制作就成为高等院校学前教育专业学生必备的职业能力之一,"幼儿园多媒体课件制作"课程则是保证学前教育专业学生能够胜任幼儿园教育教学工作的关键课程。

本书从幼儿园的实际教学工作出发,以满足职前和职后教师在实际教学工作中对课件制作的需求为目标,侧重于可操作性,共分为五个模块,第一模块是幼儿园多媒体课件概述,主要涉及多媒体课件的概念,多媒体课件制作的理论基础和流程;第二模块主要讲解了多媒体素材的采集与加工方法;第三、第四模块详细讲解了演示型课件、动画型课件的制作方法;第五模块详细介绍了屏幕录制的过程。本书的编写具有以下四个特点。

1. 以立德树人为本,全面贯彻党的教育方针

本书在实现课件制作能力培养的同时,结合课程所具有的信息化时代特点、幼教岗位特点、技术应用特点,从信息发展角度、信息应用角度、信息素养角度,采用议一议、想一想等形式来培养学生的爱国情感,培养学生关爱幼儿、甘于奉献的职业道德和勇于创新、遵纪守法的优秀品质。

2. 理论与技术结合,强调理论的指导作用

本书的第一模块是理论部分,其余四个模块为技术部分,第一模块中的学习理论、程序

教学理论、系统理论、课件制作的基本原则等内容为后续四个模块的技术提供了很强的理论指导，说明了媒体课件制作过程不是单纯的技术操作过程，体现了课件的教育性属性。

3. 以任务为引领，突出实用性和系统性

本书每一模块下包含了多个学习任务，通过任务阐述了多媒体课件制作的方式、方法，任务的选择紧密联系幼儿生活或教学，突出了实用性；每一任务下我们还设计了"知识与技能""拓展学习"等内容，"知识与技能"介绍了完成任务时涉及的基础知识和基本技能，"拓展学习"则是任务的进一步深化。它们共同构成了本书的完整知识体系。

4. 以课件制作过程为主线，结构清晰

课件制作过程可以简单概括为三大项：选题、收集素材、制作完成。而在整个过程中又必须以相关的理论为指导。根据这一程序，我们把本书分为三大结构，即理论知识（第一模块）、素材采集与加工（第二模块）、课件制作（第三、第四、第五模块），这样安排，主线分明，结构清晰。

本书的编写人员是从事"幼儿园多媒体课件制作"课程教学与研究的教师，编者们结合多年的教学与研究经验来确定本书的内容、编写顺序、结构、任务实例，具有很强的应用价值。本书编写人员的具体分工情况：第一、第二模块由郑春艳编写，第三模块由王娟编写，第四模块由宋丽新编写，第五模块由赵云雷编写，全书的统稿、审核由王娟负责。

本书在编写过程中参考了许多专家、学者的著作和网络资源，在此表示衷心的感谢！

由于编写人员的水平和经验有限，书中难免有错误和不足之处，在使用本书的过程中，恳请读者提出宝贵意见和建议。

编　者

目 录

第一模块 幼儿园多媒体课件概述 ························· 1

1.1 多媒体课件的概念和特点 ························· 1
任务1 了解什么是多媒体课件 ························· 2
任务2 了解多媒体课件的特点 ························· 2

1.2 幼儿园课件制作的理论基础 ························· 3
任务1 了解现代学习理论在幼儿园课件制作中的应用 ························· 3
任务2 了解教育传播等理论在幼儿园课件制作中的应用 ························· 5

1.3 多媒体课件的类型 ························· 7
任务 认识四种常见课件 ························· 7

1.4 幼儿园课件制作的基本原则 ························· 9

1.5 幼儿园课件制作的基本流程和结构 ························· 11

第二模块 多媒体课件素材的采集与加工 ························· 13

2.1 多媒体课件素材分类 ························· 13
任务 填写"多媒体素材的类型及常见文件格式"表格 ························· 14

2.2 文本素材的采集与加工 ························· 17
任务1 填写"采集文本素材的主要方法"表格 ························· 17
任务2 语音输入法采集文本 ························· 18
任务3 网上下载和处理文本素材 ························· 18

2.3 图形/图像素材的采集与加工 ························· 21
任务1 填写"采集图形/图像素材的主要方法"表格 ························· 21
任务2 从网上下载一幅小熊的图片,把它保存为JPG格式 ························· 22

任务3 用 PowerPoint 软件的截屏工具采集图片	23
任务4 利用 Photoshop 软件合成图片"森林中的小熊"	24
任务5 利用魔棒工具合成图片"戏水的小鸭子"	28
任务6 调整"重峦叠嶂"图像的亮度、对比度和色饱和度	33
2.4 声音素材的采集与加工	37
任务1 填写"获取声音素材的方法"表格	37
任务2 用电脑中的录音机录制一段幼儿诗歌	38
任务3 用 GoldWave 软件采集和处理音频故事"小熊不刷牙"	39
2.5 动画素材的采集与加工	47
任务 填写"采集动画素材的方法"表格	47
2.6 视频素材的获取与加工	48
任务1 填写"采集视频素材的方法"表格	48
任务2 将一段视频转化为 MP4 格式	49

第三模块 演示型课件制作 ………… 52

3.1 制作"亲爱的小鱼"课件	53
任务1 认识 PowerPoint 的工作界面	53
任务2 输入并编辑文本	59
任务3 美化文本	60
3.2 制作"奇妙的形状"课件	66
任务1 插入并编辑形状	66
任务2 插入并编辑图片	69
任务3 插入并编辑媒体文件	71
3.3 设置"小白兔"课件动画	78
任务1 设置对象动画	78
任务2 设置课件切换动画	82

第四模块 动画型课件制作 ………… 85

4.1 初识 Flash CS6	85
任务1 欣赏 Flash 动画作品	86
任务2 创建一个简单的 Flash 文档	88
4.2 绘制与编辑图形	93
任务 绘制孙悟空面具	93
4.3 制作逐帧动画	102
任务 制作逐帧动画——小鸡吃虫子	102

4.4 制作传统补间动画 ……………………………………………………………… 110
  任务　制作传统补间动画——放飞梦想 ………………………………… 110
4.5 制作形状补间动画 ……………………………………………………………… 122
  任务　制作形状补间动画——形状变变变 ……………………………… 122
4.6 制作引导层动画 ………………………………………………………………… 125
  任务　制作引导层动画——小汽车下山 ………………………………… 126

第五模块　录屏软件的应用 ………………………………………………………… 135

5.1 Camtasia Studio 软件概述 ……………………………………………………… 135
  任务1　填写"Camtasia Studio 软件的功能、特点"表格 ……………… 136
  任务2　根据给定的 Camtasia Studio 软件安装程序，将软件安装在指定的
     电脑上 ……………………………………………………………… 137
5.2 屏幕录制 ………………………………………………………………………… 140
  任务　完成对"奇妙的形状"演示文稿课件的录制并保存为项目文件 … 140
5.3 视频编辑 ………………………………………………………………………… 145
  任务　对"奇怪的形状.camrec"项目文件进行编辑 …………………… 145
5.4 视频输出 ………………………………………………………………………… 153
  任务　将编辑好的"奇怪的形状.camrec"项目文件生成MP4视频文件 … 153

参考文献 ……………………………………………………………………………… 158

第一模块

幼儿园多媒体课件概述

【概述】

本模块主要讲述了多媒体课件的概念及其特点、幼儿园课件制作的理论基础、多媒体课件的类型、幼儿园课件制作的基本原则、幼儿园课件制作的基本流程和结构五个方面的内容。通过这些内容的学习，应认识到幼儿园课件是为学前儿童教育教学服务的，它的制作必须符合学前儿童的教育教学规律，同时还应认识到课件是计算机软件，熟练掌握相关的计算机技术是课件制作的基础。好的课件是教育、技术与艺术的完美统一。

【内容导图】

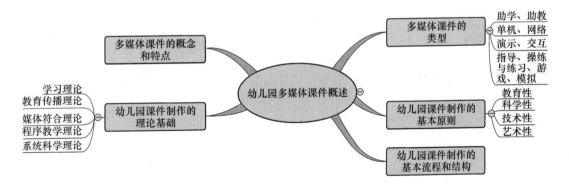

1.1 多媒体课件的概念和特点

【学习目标】

（1）了解什么是多媒体课件。
（2）了解多媒体课件的特点。

(3) 认识制作幼儿园多媒体课件既需要遵循幼儿的教育教学规律，还需要熟练掌握相关的计算机知识。

(4) 感受我国信息化发展成果，激发爱国情感。

任务1　了解什么是多媒体课件

多媒体课件是在一定的学习理论指导下，根据教学目标设计的，反应特定教学内容和一定教学策略的，运用多种媒体和超文本结构制作而成的课程软件。多媒体课件是教学内容的另一种呈现方式，是教学内容的再设计和加工，是用于解决特定的教学问题的，所以，多媒体课件的制作需要以教学理论和学习理论为指导，需要精细设计。

任务2　了解多媒体课件的特点

1. 丰富的表现力

多媒体课件不仅可以更加自然、逼真地表现多姿多彩的视听世界，还可以对宏观和微观事物进行模拟，对抽象、无形事物进行生动、直观的表现，对复杂过程进行简化再现等。

2. 友好的交互性

多媒体课件可以根据学生输入的信息理解学生的意图，提供给学生所需要的学习内容，不仅如此，还可以根据反馈信息，调整教学策略，指导学生学习。

3. 广泛的共享性

网络技术的发展，使多媒体课件所包含的教学内容能在全世界传播、不受时间、地点的控制，共享成为可能。

4. 学习的高效性

多媒体课件集文字、图像、声音、动画、视频于一体，各种媒体相互补充，使信息表达更加充分，能突出重点，化解难点，提高学的效率。

 你知道吗？

课件是信息化教学的主要表现形式之一，那么，你了解我国教育信息化的发展历程吗？1978年2月6日，邓小平亲自批示同意筹备中央广播电视大学，开启了我国信息化教育的历程。1986年，中国教育电视台成立，开创了利用卫星电视进行远程教育的新局面。至上世纪末，中国已形成了世界上最大的以广播和卫星电视为主要媒体的远程教育体系。20世纪90年代，互联网得到普及，催生了我国网络教育的迅猛发展。1994年中国教育和科研计算机网建成开通，2000年中国教育卫星宽带传输网建成开通，两大网络互联互通，形成了我国"天地合一"的教育信息化基础网络保障体系。

学校层面，我国各级各类学校基本实现了互联网全覆盖，形成了以互联网和无线网为基础，以数字校园网为中心、集多媒体教室、视听室、自动录播室、VR实训室、可视化教学平台、大数据分析中心、数字化教学资源服务器、教育资源云存储等在内的信息化教学环境，与此同时，翻转课堂、慕课、微课、移动学习、泛在学习、人工智能辅助学习、虚拟仿真实验、网络学习空间、网络学习共同体等典型应用，推动了传统课堂教学的改革，促进了我国教育跨越式发展。

> 2018年4月，教育部印发了《教育信息化2.0行动计划》，提出了到2022年基本实现"三全两高一大"的发展目标，即教学应用覆盖全体教师、学习应用覆盖全体适龄学生、数字校园建设覆盖全体学校，信息化应用水平和师生信息素养普遍提高，建成"互联网+教育"大平台。这标志着我国教育信息化进入融合创新、智能引领的新时期，一个"人人皆学、处处能学、时时可学"的学习型社会正在形成。
>
> 教育信息化发展之初，我们一直以积极主动的态度向西方发达国家学习，经过40多年的发展，我国教育信息化从无到有，从弱到强，不断创新和发展，取得了巨大成就，现已走出国门与世界平等对话。40多年的发展使我国教育信息化从自主探索建设向国际协作引领发展，走出了一条具有中国特色的教育信息化发展道路，为世界教育信息化提供了中国解决方案，也积累和提供了可供发展中国家甚至发达国家借鉴的丰富经验。
>
> 习近平总书记提出"努力建构德智体美劳全面培养的教育体系，形成更高水平的人才培养体系"，是教育信息化新发展的指南。作为未来的教师，我们应努力学好信息技术，掌握好本课程中的各项技术方法，提升自身信息素养和信息化教学能力，用足够的实力，为谱写时代华章贡献自己的力量。

1.2 幼儿园课件制作的理论基础

【学习目标】

(1) 了解四个学习理论的主要观点及其对幼儿园课件制作的指导意义。

(2) 了解香农—韦弗传播理论的基本模式及该理论对幼儿园课件制作的指导意义。

(3) 了解媒体符合理论、程序教学理论、系统科学理论的主要内容及其对幼儿园课件制作的指导意义。

(4) 知道理论与教学实践相结合的道理。

多媒体课件是编制者按某一思路设计制作的、前后连贯的、有系统性的软件，其根本任务是用于教学，以提高教学的质量和效益。多媒体课件的制作要以学习理论、教学传播理论、媒体符合理论、程序教学理论、系统科学理论为指导。

任务1　了解现代学习理论在幼儿园课件制作中的应用

通过教师的讲解或查阅资料等方式了解学习理论对多媒体课件制作的指导作用，并完成表1-1，不断完善。

表1-1

学习理论	代表人物	主要观点	对课件制作的指导意义

【知识与技能】

学习理论是探究人类学习本质及其形成机制的心理学理论，旨在阐明学习是如何发生的、有哪些规律、是什么样的动机和过程、如何才能进行有效的学习等问题。它对多媒体课件的制作有重要的指导意义，这里主要介绍比较有代表性的几个学习理论。

1. 行为主义学习理论

行为主义学习理论兴起于20世纪初的美国。它是一个总的名称，其名称下有很多不同的观点，代表人物有华生、桑代克、斯金纳等。

美国心理学家桑代克认为学习的发生是与外界环境相互作用的结果，即"刺激—反应"的联结，其中刺激是指学习主体所在的特定环境，反应则是指在刺激作用下的主体的发应。一旦"刺激—反应"联结建立了，学习就发生了，而联结的建立又是一个渐进的尝试错误的过程，开始阶段错误反应较多，之后错误反应逐渐减少，直至形成固定的"刺激—反应"联结。在行为主义发展的后期，对学习理论影响较大的是斯金纳（B. F. Skinner），他提出了操作性条件反射学说。他认为，如果一个操作反应发生后，接着给予一个强化刺激，那么发生这种反应的概率就增加，相应地，如果在一个已经通过条件化而增强的操作反应发生后，没有强化刺激物出现，那么这种反应发生的概率就会减少。任何能够提高一个特定反应出现概率的事物都是强化，对一个错误的反应不给予强化的行动叫做消退，合理地运用强化和消退，就会使正确的反应得以重复，而不正确的反应会被排除。

行为主义学习理论对幼儿园课件制作的指导意义有以下两个方面。

（1）应根据幼儿的年龄特点，更多地使用画面、声音、动画和视频媒体，多用幼儿喜欢的鲜艳、亮丽的色彩和形象，营造丰富的学习环境（刺激），实现并巩固理想的刺激和反应。

（2）课件设计中合理使用强化元素。如音乐、动图等。

2. 认知学习理论

认知学习理论的代表人物有布鲁纳、奥苏贝尔、加涅等。认知学习理论认为，学习的过程是信息加工的过程。与行为主义学习理论相比，认知学习理论把重点放在信息的组织上，放在引发学生思维的过程上，通过对学习材料从简单到复杂或按层级来组织，通过启发，以促进学习者对信息的加工和获得。

认知学习理论的代表人物布鲁纳非常重视认知结构在学习中的作用，强调教学必须使学生形成良好的认知结构。奥苏贝尔认为学习是把有意义的新材料同化到认知结构的过程。

认知学习理论的这些观点对幼儿园课件制作的指导意义有以下两方面。

（1）学习者的先前知识对新知识的学习有重要影响，所以学习材料的呈现应该适应学习者的认知发展水平，按照由简到繁的原则来组织教学内容。

（2）课件中材料的组织和呈现要有逻辑性和结构性。

3. 建构主义学习理论

建构主义学习理论起源于20世纪80年代，是认知理论的新发展，代表人物有皮亚杰、维果茨基、乔纳森等。

建构主义学习理论认为知识不是通过教师传授得到的，而是学习者在一定的情境下，借助他人的帮助，利用必要的学习材料，通过意义建构的方式获得的。建构主义学习理论强调知识是人建构起来的，对事物的理解不仅取决于事物本身，而且取决于我们原来的知识经验背景，不同的人由于原有的知识经验不同，所以对同一事物会有不同的理解。认为"情境""协作""会话""意义建构"是学习情境中的四大要素。建构主义学习理论认为学习的实质是：第一，学习是发现结构的改变，同化和顺应是学习者发现结构发生变化的两种方式。第二，学习是个体主动建构自己知识的过程。影响学习的因素有：先前知识经验的作用、真实情境的作用、协作与对话的作用。

建构主义学习理论在幼儿园课件制作中给予的指导意义有以下三方面。

（1）在内容展示上要留有空间，不要一览无余，以促进学生思考。

（2）运用多媒体声情并茂的特点提供情境。

（3）积极开发具有交互功能的课件，在交互中促进学生的意义建构。

4. 人本主义学习理论

人本主义学习理论兴起于20世纪50年代末，其代表人物有罗杰斯等。

人本主义学习理论主张将人作为一个整体来研究，关注人的高级心理活动。人本主义学习理论认为学习的过程就是在一定条件下自我挖掘其潜能、进行自我实现的过程。认为研究的重点应该是如何为学习者创造一个自由、和谐融洽的环境，让其从自己的角度感知世界，发展出对世界的理解，达到自我实现。

人本主义学习理论对幼儿园课件制作的指导意义有以下两方面。

（1）利用多媒体优势，创造良好的情境氛围，激发学生的感知与体验。

（2）页面的设计与制作要有艺术性、感染性，以激发学生的情感。

值得注意的是不同的学习理论是专家或学者从不同的角度对学习的研究和理解，阐述的是部分规则，没有任何一种学习理论是十全十美的，在实际应用中，我们应根据不同的教学内容、不同的学习对象和学习环境合理地进行选择和综合应用。

任务2　了解教育传播等理论在幼儿园课件制作中的应用

通过教师的讲解或查阅资料等方式了解教育传播、程序教学等原理对多媒体课件设计与制作的指导作用，并完成表1-2，不断完善。

表1-2

理论类型	代表人物	主要观点	对课件制作的指导意义
教育传播理论			
媒体符合理论			
程序教学理论			
系统科学理论			

【知识与技能】

1. 教育传播理论

用传播学理论来研究、探索媒体在教学过程中的作用机理,是教育研究的一个重要课题,并由此诞生了教育传播理论。其中香农—韦弗的传播模式对教育研究有重要的影响,其基本模式如图1-1所示。

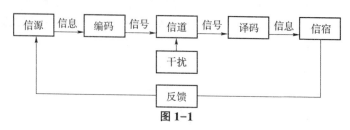

图1-1

这一模式可用于表明教育传播的过程:教育信息经过信源(教育者)编码,以一定形式的信号(声音、图像等),传递给信宿(学习者),学习者经过对信号的译码(理解),将信息储存在自己的认知结构中,同时,学习者在获得信息后,通过回答、动作、表情等对所传递的信息内容做出反应,反馈给教师,信息传播过程中还存在着干扰,如人生嘈杂、图像不清楚等,它们影响着传播的效果,这些干扰简要的将其表示为对信道的干扰。

这一传播模式对幼儿园课件制作提供了一定的指导意义。

(1)主体突出,要合理利用颜色深浅、色彩冷暖、景物虚实、物体大小等因素来衬托和突出主体,以确保幼儿能领会到学习过程中的关键因素和主要思路。

(2)画面清晰,保证每个学生能够看清;声音清楚,保证每个学生能够听清。

(3)播放环境安静,照明均匀,光线柔和,屏幕不要有反光或光斑,课件运行要流畅。

2. 媒体符合理论

多媒体具有连接具体经验和抽象经验的桥梁与纽带作用,它既能克服传统教学中过于抽象难以理解的弊端,也能克服传统教学中过于具体难以实现的弊端。所以,在教学中可以根据不同的教学目标和教学内容采用不同的媒体形式来表现。如小班数学"认识数字",可以把抽象的数字与具体的实物对应起来,化抽象于具体;而中班健康活动课"着火了怎么办",则可以用动画模拟不同的着火场景提供具体感知,获得自救知识。

3. 程序教学理论

所谓程序教学,是指将各门学科的知识按其中的内在逻辑联系分解为一系列的知识项目,这些知识项目之间前后衔接,逐渐加深,然后让学生按照由知识项目的顺序逐个学习每一项知识,伴随每个知识项目的学习,及时给予反馈和强化,使学生最终能够掌握所学的知识,达到预定的教学目的,如图1-2所示。

程序教学理论的基本原则:

(1)积极反应原则:学习者对学习内容做出积极的反应。

(2)小步子原则:把程序教材分解成若干小的、有逻辑顺序的、难度逐渐增加的单元,一步步呈现给学习者。

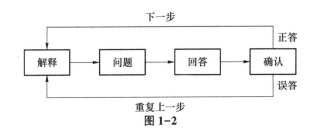

图 1-2

(3) 即时反馈原则：对学习者的每个反应立即做出反馈。

(4) 自定步调原则：学习者根据自身的条件自定学习的速度。

(5) 低错误率原则：根据学生的实际水平修改程序，把错误率降到最低限度，激发学习者学习的积极性。

程序教学理论的思想给予幼儿园课件制作的启发是，可以按照课件内容的逻辑关系把课件内容分割成细小的单元，一个小单元是一个小任务或知识点，然后循序渐进。

4. 系统科学理论

系统科学主张把事物、对象看作一个系统进行整体研究，探讨它的要素、结构和功能的相互联系，通过信息的传递和反馈来实现系统之间的联系，达到有目地控制系统的发展，获得最优化的效果。

系统科学把教育视为一个系统，组成系统的要素包括教师、学生、媒体、教学内容等，教育的优化不仅要求各个要素充分发挥自己的功能，更重要的是各要素之间能够相互支撑、相互协调。

基于系统科学理论，如果课堂教学是一个系统，那么多媒体课件就是课堂教学系统中的一个要素，它的设计与制作应该与教育目标、教育内容、学生、教师等要素相互协调。同理，如果把课件看成一个系统，那么一个课件的风格就要体现统一性、整体性，组成课件的文字、图片、背景、声音、颜色等要素也要相互协调。

> **想一想**
>
> 学习理论知识，不是为了学习而学习，而是为了解决实际问题。必须把理论与实践工作相结合，理论知识才能发挥它应有的作用，本节课所学的理论对教育教学实践均有一定的指导意义，想一想在今后的岗位中，怎样运用这些理论指导岗位工作，做到解放思想、实事求是?

1.3 多媒体课件的类型

【学习目标】

(1) 了解多媒体课件的类型。

(2) 了解四个常见的多媒体课件的优缺点。

任务　认识四种常见课件

同学们，在学习中，你一定见过或用过很多课件，根据你的经验，与同学、老师探讨，了解下面常见的四种课件类型，并填写表1-3。

表 1-3

课件类型	优点	缺点	适用条件
助教型演示课件			
助学型网络课件			
交互型课件			
模拟型课件			

【知识与技能】

多媒体课件的形式多种多样，可以从不同的角度对课件进行分类。

1. 根据使用对象分类

（1）助学型。这主要是指学生在课堂或课下自主学习时使用的课件。这种课件在设计和制作中一般具有完整的知识结构，能反映一定的教学过程和教学策略，提供相应的形成性练习和评价，具有友好的交互界面。

（2）助教型。这主要是指教师在课堂中进行教学时使用的课件。这类课件可以具有提示启发、帮助理解、促进记忆、激发兴趣、提供情境等作用。

2. 根据教学环境分类

（1）单机型。这是指在独立的计算机上运行的课件。

（2）网络型。这是指在网络环境下运行的课件。

3. 根据表现形式分类

（1）演示型。这主要是以图形、图像、动画、视频等形式演示教学内容。这类课件具有直观形象、生动有趣的特点，有利于启发兴趣，也有利于揭示事物的内在规律、发展变化、运动特点等。

（2）交互型。以人机对话的方式进行人机之间的信息沟通，实现人机交互，如测试练习类、指导类课件。这种课件变单向信息传输为双向信息交流，能调动学习者的主动性、参与性，受到当前广大教师和学习者的欢迎。

4. 根据教学活动的特点分类

（1）指导型。以向学习者传授新知识为目标，其运行过程类似于教师一对一辅导学生。

（2）操练与练习型。这主要是通过一系列的问题训练，强化学生某方面的知识和技能。

（3）游戏型。寓教育于游戏之中，激发学习者的学习动机，此类课件比较适合在幼儿园应用。

（4）模拟型。用计算机来模拟真实的自然现象或社会现象，可以引发幼儿思索、尝试，提高认识。

课件的分类并没有严格的界定，一个优秀的课件常常综合多种不同类型课件的优势，以达到预期的目标。需要指出的是，不管哪种类型的课件，只要能够符合教学内容、符合学生的年龄特点、有利于实现教学目标，就是优秀的课件。

1.4　幼儿园课件制作的基本原则

【学习目标】

(1) 掌握幼儿园多媒体课件制作的基本原则。
(2) 能够处理多媒体课件制作中教育性与艺术性的关系。
(3) 培养学生幼儿为本的教育理念。

课件的形式是多种多样的，如何保证开发出的多媒体课件的质量呢？可以遵循以下原则。

1. 教育性原则

教育性原则是指课件所表现的内容应该是教育信息，在结构设计上要遵循教育教学的基本规律和学生的认知规律，其应用不仅有助于教师的教，还有利于学生的学。课件是用来教学的，教育性是课件的根本属性。

(1) 内容选择上能体现使用课件的优势，如运用课件启发思维，提供事实。
(2) 内容呈现顺序上符合学生的认知规律，复杂图像要逐步显示。
(3) 同一时间呈现的信息量要适中。

2. 科学性原则

科学性原则是指课件必须能够正确地表达学科知识内容，所呈现的内容要准确无误、表述正确、术语规范。

3. 技术性原则

技术性原则是指课件的音频、视频等元素要达到一定的技术标准，噪声低，以保证传递的信息清晰、有效。尤其要处理好课件大小和技术质量的关系。

(1) 文字清楚，能让每个学生看清，图片精美，可以让人赏心悦目。
(2) 视频、动画清晰流畅。
(3) 配音效果完美，能让学习者在轻松愉快中学习，音量大小适中。
(4) 交互性灵活。

4. 艺术性原则

艺术性原则是指要用符合美学原理的表现方法精心设计和制作多媒体素材，通过艺术的美来感染和调动学习者的兴趣、情绪，达到增进知识的理解和感受的效果。

(1) 界面布局合理，整洁美观，生动形象。
(2) 主体突出。
(3) 课件有整体风格，避免相连的两个画面之间色彩反差过于强烈，颜色搭配合理。
(4) 文字内容简洁，所选字体要醒目，字号大小合适。
(5) 图形图像的内容要便于观察，图的主要内容要处于视觉中心，便于引起注意。
(6) 音乐的节奏要与教学内容相符，背景音乐要舒缓，不能过于激昂，以防喧宾夺主。

以上制作课件的基本原则，也是课件评价的主要内容。特别指出的是，在使用课件的时候，应充分认识到课堂教学中学生是认知的主体，所以用课件代替教师来"解说"教学内容，或取代学生的情感体验与思维都是错误的做法。

> **议一议**
>   以人为本是科学发展观的核心，以人为本就是以实现人的全面发展为目标。那么，幼儿课件的服务对象是幼儿，其作用就是为了促进幼儿更好的发展，所以在制作课件中我们要树立"以幼儿为本"的理念，时刻牢记幼儿是活动的主体，时刻考虑幼儿的感受，考虑幼儿的需求，考虑幼儿的发展特点，站在幼儿的角度开展学前教育活动。请结合今天所学的课件制作的基本原则议一议如何在幼儿教育中贯彻"幼儿为本"的教育理念？

【拓展学习】

多媒体课件的页面设计

在多媒体课件中，信息是以页面的形式传递的，所以要制作出一个好的多媒体课件，除了遵循教育性的根本要求外，还要为用户设计一个舒适、有吸引力的页面，做到教育性与艺术性的有效统一，在多媒体课件的页面设计上可以考虑以下几点。

1. 突出主体

主体是页面中表现的主要内容，页面布局要做到主体突出，以使学习者注意力集中在主要内容上，突出主体常用的方法有以下两种。

（1）利用位置突出主体。从构图上来说，画面中心的事物要比边角突出，所以一个页面中的最主要的内容要放在画面的中心位置。

（2）利用对比突出主体。对比的方法有很多，有明暗对比、大小对比、虚实对比、动静对比、色彩对比等，如，一般来说，背景的明度应比主体低一些，以使主体鲜明。

2. 整体化知觉对象

根据心理学的研究，人们倾向于将类似、接近的元素组合起来成为一个整体加以认知。在页面设计中，我们可以利用上述这个原理来组织信息，如，在功能或内容上相似的信息，可以保持较小的空间距离，或做成相似的形态、风格，以促进整体感知和理解，反之，如果想让学生注意整体中的局部信息，则可以通过不同的颜色或做成动画等加以强调。

3. 画面均衡

均衡的画面给人以安全、舒服的感觉。对称就是一种均衡，对称的画面可以给人以稳定感和形式美感，但均衡绝不是指对称，也不是指画面的两侧对象在重量上相同，而是指心理上的均衡，如深色的物体比浅色的物体感觉重，面积大的物体比面积小的物体感觉重，暖色的物体比冷色的物体感觉重，动的物体比静的物体感觉重。所以，在页面布局时要考虑这些视觉感受，做到画面均衡。

4. 色彩和谐

色彩不仅能引起注意，而且能给用户带来更好的视觉感受。色彩有三个基本属性：色相、明度、饱和度，不同的色彩会给人不同的感受和联想，如，在一般情况下，白色有纯净之感，红色代表热情、喜庆，黄色有轻松、愉悦的效果，蓝色让人联想到大海、天空，绿色象征生命、健康。根据幼儿的特点，可以多运用一些明快和象征喜悦、欢乐的色彩。在页面设计中，色彩要和谐，避免对比过大，避免纷繁杂乱。

1.5 幼儿园课件制作的基本流程和结构

【学习目标】

（1）知道幼儿园多媒体课件制作的基本流程。
（2）认识课件选题的重要性。
（3）了解幼儿园多媒体课件的常见结构。

课件制作涉及多学科的知识和技能，经常由课程专家、经验丰富的教师、软件技术人员、美术人员等组成制作小组，历经多个程序才可完成。但在幼儿园的常规教育中，课件制作的流程和结构往往没有必要太烦琐。

1. 幼儿园课件制作的基本流程

为了信息化教学的常规化，幼儿园课件制作的过程可以概括成可操作的简单流程：选题—确定课件结构—收集素材—选择合适的制作平台—制作合成—调试修改。其中，选题是首要环节，其正确与否直接关系着课件的质量，并不是所有的内容都适合用课件表现，一般来说，往往把那些能突出多媒体特点的内容，或者学生难以理解、教师难以讲解清楚的重点、难点内容制作成多媒体课件。

2. 幼儿园课件的基本结构

课件制作中，由于教学目标、教学策略等方面不同，可以形成不同的课件结构，概括起来，主要的课件结构有以下三种形式。

（1）线性结构。

这种结构通常将教学内容按预先设计的先后顺序线性排列，课件运行时也按照此线性顺序播放，很多演示文稿会采用这种结构（图1-3）。

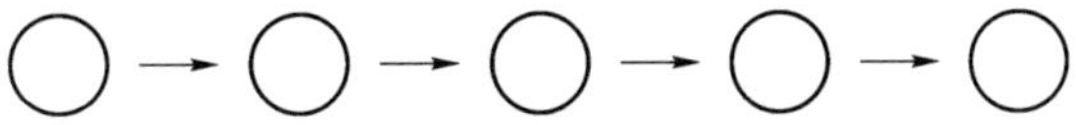

○ → ○ → ○ → ○ → ○

图1-3

（2）树状机构。

这种结构就像书本的章节一样，将各知识点之间按不同的级别和层次关系排列成不同的分支结构（图1-4）。

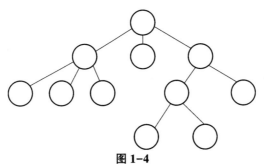

图1-4

（3）网状结构。

这种结构将教学内容以超文本结构排列，各个知识点之间相互链接，交互式多媒体课件可以采用这一结构（图1-5）。

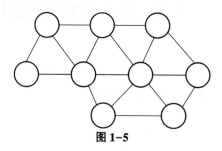

图1-5

【课后思考】

（1）什么是多媒体课件？有哪些类型？
（2）系统科学理论对幼儿园课件的制作与应用有哪些启发？
（3）幼儿园课件设计与制作有哪些原则要求？
（4）幼儿园课件设计与制作中，如何处理教育性与艺术性的关系？

第二模块

多媒体课件素材的采集与加工

【概述】

本模块主要讲述了多媒体素材的分类，讲解了文本、图形/图像、声音、动画、视频五种素材类型的获取和加工方法，并通过任务形式给出了一些案例。通过这些内容的学习，学生能够学会获取和加工多媒体素材，为下一步制作课件打下坚实的基础。

【内容导图】

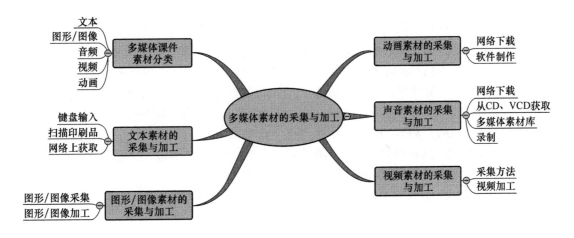

2.1 多媒体课件素材分类

【学习目标】

(1) 知道多媒体素材的类型。

(2) 了解各类型多媒体素材的常见格式及应用条件。

多媒体课件是由多媒体素材构成的，根据多媒体素材的不同性质和呈现方式，可以分为文本、图形/图像、音频、视频、动画五种类型。由于每一种类型的素材在处理和编辑时可以使用多种工具完成，因此同一种素材又有多种不同的格式。

任务 填写"多媒体素材的类型及常见文件格式"表格

请记录多媒体素材的类型及常见文件格式，完成表2-1。

表 2-1

序号	类型	常见文件格式
1		
2		
3		
4		
5		
6		

【知识与技能】

1. 文本

文本是多媒体课件中最基本的素材，主要包括字母、数字和符号，在课件中主要用于呈现标题、菜单名称和教学内容，如概念、定义、原理的阐述、问题的表达等。与其他素材相比，文本是最容易处理、占用存储空间最少、最方便利用计算机输入和存储的素材，所以文本编辑是多媒体课件制作中的重要部分。虽然在制作幼儿园课件时多使用图像、声音等形象的表达方式，但文本仍然必不可少，对幼儿来说，课件中的文字要少而精，要使用规范文字，不使用繁体字、异体字，文字的颜色、大小、位置要符合幼儿的年龄特点。

文本素材的文件类型有多种，使用不同的编辑工具可以获得不同格式的文本，常见的文本文件有TXT、DOC、WPS、RTF等类型。

（1）TXT格式。这是微软公司字操作系统中附带的一种文本格式，这类文件中除硬回车外，不包括任何控制符和格式化信息，属于最原始的文本格式。

（2）DOC格式。这类文件是Microsoft Word 2003以下版本专用的文档格式，Microsoft Word 2007以上版本的格式为DOCX格式。

（3）WPS格式。这类文件是中文字处理软件WPS Office特有的文件格式。

（4）RTF格式。RTF是Rich Text Format的缩写，意思是丰富的文本格式，主要用于各种文字处理软件之间的文本交换。

2. 图形/图像

图片分为两大类：图形和图像。图形/图像具有形象、生动、直观地表现教学信息的优势，是帮助分析、理解教学内容，解释概念或现象常使用的媒体元素，在幼儿园课件中用得最多，它是幼儿园课件的主要组成部分。严格来说，图形和图像有着很大区别。

（1）图形。图形是由被称为矢量的数学对象定义的线条和曲线组成的，主要由计算机软件制作而成，这样的图形也被称为矢量图。矢量图的优点是文件较小，移动、缩放或更改颜色都不会影响图像的质量；缺点是图像色彩显示比较单调，层次不够丰富。在课件制作中，图形因其简洁、生动而受到幼儿的广泛喜爱。

（2）图像。图像一般是借助数码相机、摄像机或扫描仪等获取的，图像是由像素构成的，因而也叫位图。位图的优点是色彩自然、逼真，层次丰富；缺点是图像在放大或缩小时会失真，文件容量大。

图形/图像常见的格式有 BMP、GIF、JPEG、PNG 等。

（1）BMP 格式。这是 Windows 中的标准图像文件格式，它以独立于设备的方法描述位图，可用非压缩格式存储图像数据，解码速度快，支持多种图像的存储，常见的各种图形/图像软件都能对其进行处理。

（2）GIF 格式。它在压缩过程中，图像的像素资料不会被丢失，丢失的都是图像的色彩。其优点是网上传输速度较快；缺点是最多只能处理 256 种色彩，故不能用于存储真彩色的图像文件。在课件中常用来制作小动画或图形元素。

（3）JPEG 格式。JPEG 格式采用有损压缩，压缩比极高，所以图像占用空间小。JPEG 格式的图像主要压缩的是高频信息，对色彩的信息保留较好，所以很适合应用在网页的图像中，目前广泛用在彩色传真、静止图像、电话会议、印刷或新闻图片传送上。

（4）PNG 格式。这是一种位图文件存储格式，采用无损压缩算法，其图像质量远胜过 GIF 文件，对网络图像的传送极为有利。

3. 音频

音频包括音乐、语言和各种音响效果。在教学中，音频主要用于语言解说、背景音乐和效果音等。发音标准的解说、动听的音乐有利于集中学生学习的注意力，陶冶学生的情操，激发学生学习的潜力；其缺点是数据量比较大，在课堂教学中，音频素材不容易获取。音频的主要格式有 WAV、MID、MP3 等。

（1）WAV 格式。WAV 格式是微软公司开发的一种声音文件格式。WAV 文件在电脑中得到了很好的支持，有很多播放软件可供选择，其文件容量较大，在课件制作中不适合长时间记录高质量的声音。

（2）MID 格式。MID 格式是一种电子乐器通用的音乐数据文件格式，它只能模拟乐器的发生，只能用来播放音乐，不能用来播放语音或带人声的歌曲，常用作多媒体的背景音乐。

（3）MP3 格式。MP3 格式是目前最流行的声音文件格式之一，压缩率较大，在在线音乐、网络可视电话等方面应用广泛，支持播放 MP3 格式的软件也比较多。

（4）CD 格式。比较常见，是音质比较高的音频格式，在大多数播放软件的"打开文件类型"中都可以看到 *.CDA 格式，这就是 CD 存储采用的音轨格式，记录的是波形流，是一种近似无损的格式，它的声音基本上是忠于原声的。

4. 视频

视频是连续的图像变化，视频一般分为模拟视频和数字视频，电视视频是模拟视频，计算机视频是数字视频。视频具有表现事物细节的能力、表现事物运动和变化的能力，有很强的感染力，适宜呈现一些学习者感觉比较陌生的事物。常见的视频文件格式有 AVI、MP4、

MOV、WMV、RMVB、FLV 等。

（1）AVI 格式。AVI 格式是较为流行的 Windows 标准视频文件格式，它将视频和音频信号交错存储在一起，音频和视频都没有经过压缩。其优点是图像质量好，可以跨多个平台使用；缺点是体积过于庞大。

（2）MP4 格式。全称 MPEG-4 PART 14，是一种使用 MPEG-4 的多媒体电脑档案格式，副档名为 .MP4，文件压缩比高，体积小，兼容性好，与很多剪辑软件兼容，在处理课件的视频素材时，如果出现视频无法导入到剪辑软件或打不开的状况时，就可把它转变成 MP4 格式，这种格式当前用的较多。

（3）MOV 格式。MOV 是 APPLE 公司开发的一种音频、视频文件格式，用于保存音频和视频信息，兼容性好，能被众多的多媒体编辑及视频处理软件所支持。

（4）WMV 格式。这是微软公司推出的一种采用独立编码方式并且可以直接在网上实时观看视频节目的文件压缩格式。其主要优点是：支持本地或网络回放，媒体类型可扩充、可伸缩，多语言支持，扩展性较好等，可在 WINDOWS 系统自带的播放器 WINDOWS MEDIA PLAYER 中播放。由于 WMV 格式的视频压缩率高，存储容量小，传输速率高，所以是教学网站上播放的主流媒体格式之一。

（5）RMVB 格式。RMVB 是一种由 RM 视频格式升级延伸出的视频格式，既保证了静止画面质量，也大幅度地提高了运动图像的画面质量，从而在图像质量和文件大小之间达到了较好的平衡，该文件格式可以用 REAL PLAYER、暴风影音等播放，RMVB 格式在教育教学中常用于教育网络在线播放视频。

5. 动画

动画是对运动、变化过程的模拟，可以用来模拟事物的变化过程、说明科学原理。与视频相比，动画在表现动态方面忽略了事物运动、变化过程中的次要因素，突出强化了其本质要素，更有利于学习者把握本质规律，而且动画造型生动、有趣，更有利于激发学习者的学习兴趣，所以在幼儿课件中的许多地方，利用动画来表现事物甚至比视频效果更好。动画文件的主要格式有 SWF、FLC、GIF 等。

（1）SWF 格式。SWF 格式是 Macromedia 公司的动画设计软件 Flash 的专用格式，是一种支持矢量和点阵图形的动画文件格式，这种文件具有缩放不失真、文件体积小等特点，目前被广泛应用于网页设计、动画制作等领域，也是课件中动画素材的主要格式。

（2）FLC 格式。FLC 格式是 Autodesk 公司开发的动画格式。它主要由 Animator pro 和 3DS MAX 软件生成。

（3）GIF 格式。这是 COMPUSERVE 公司创建的目前使用得最广泛的图形图像文件格式之一。GIF 动画得到大部分软件和浏览器的支持，它体积小、成像清晰、生动、小巧，网上很多小动画都是 GIF 格式，是课件中常用的素材。

课件制作中，如何保持文件大小与质量之间的平衡是一个需要考虑的问题。在通常情况下，同一类型、同一内容但不同格式的素材文件在计算机中存储所占空间越大，其质量越好。但质量越好并不一定适用于课件开发，因为所占空间太大，往往不易传输，浪费系统资源，而同一类型、同一内容但不同格式的素材文件在计算机中存储所占空间太小，又会因为压缩过高造成质量比较差，不能有效地传递信息，所以，在选择素材文件时，一定要选择某种质量适中、大小适中的格式文件，这样既能保证课件小巧、传输好，又能保证质量高。

2.2 文本素材的采集与加工

【学习目标】

(1) 能够用键盘输入、扫描、网上下载、语音输入等方法采集文本素材。
(2) 掌握 Word 软件或 WPS 软件的基本功能,能够对文本素材进行基本处理。
(3) 通过了解汉字输入的实现历程,激发学生用于创新和锐意进取的精神。

任务 1 填写"采集文本素材的主要方法"表格

请记录采集文本素材的主要方法,完成表 2-2。

表 2-2

资源类型	获取方法	优缺点	有关技巧
文本			

【知识与技能】

文本素材的主要来源有键盘输入、扫描印刷品、网络上获取、语言输入、手写识别输入等。

1. 键盘输入

使用键盘输入需要事先选择一种输入法,输入法图标一般显示在桌面的右下角,用户可以选择适合自己的一种输入法。

2. 扫描印刷品

当我们扫描印刷品上的文字资料时,一般会使用文字识别技术,OCR 是当前常见的一种光学字符识别技术,现在几乎每一款扫描仪都会随机赠送一款 OCR 文字识别软件,扫描仪的使用可参照产品说明书。

3. 网络上获取

网络上有着丰富的文本资源,搜索到所需的文本素材后可以采用复制粘贴的方法获取,也可以用下载的方法获取。

4. 语音输入

语音输入是将声音通过话筒输入计算机后直接转换成文字的一种输入方法,利用语音识别技术,计算机能迅速、自然地把读入计算机的声音信息转换成计算机中的文本。语音输入要求安装语音识别软件,在调试好麦克风后,即可对着麦克风进行阅读录入。

5. 手写识别输入

是一种便捷的文本输入方式，只要将手写板接入计算机，通过特制的感应书写笔在手写板上按平常的习惯写字，电脑就能将其识别显示出来。

任务 2　语音输入法采集文本

随着智能语音技术的日臻完善，语音输入法越来越受到欢迎，语音输入法需要安装相关的软件，这种软件可以从网上下载。本任务中我们将学习一种简便的语音转文本的方法，即用搜狗拼音输入法的语音工具，将输入语音转变成文本。

【任务实施】

（1）将麦克风插到电脑上。

（2）点击搜狗输入法中的麦克风图标，如图 2-1 所示，出现语音输入画框，如 2-2 所示。

图 2-1

（3）将鼠标放到要输入文字的地方，光标处于输入状态，对着麦克风输入语音即可。

（4）语音输入结束时，单击图 2-2 中的"完成"。如果想接着语音输入可继续单击"点击说话"，如图 2-3 所示。

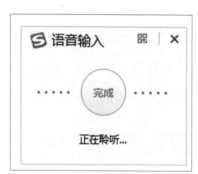

图 2-2

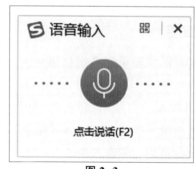

图 2-3

任务 3　网上下载和处理文本素材

从网上下载"孔融让梨"的文本故事，用 Word 软件进行以下处理：标题修改为宋体二号字、居中；故事内容修改为宋体四号字、1.5 倍行距。

【任务实施】

（1）打开浏览器，用关键字搜索到"孔融让梨"故事，选中故事内容，通过鼠标右键实施"复制"操作，如图 2-4 所示。

（2）打开 Word 软件，用粘贴命令将"孔融让梨"故事粘贴到 Word 文档中，如图 2-5 所示。

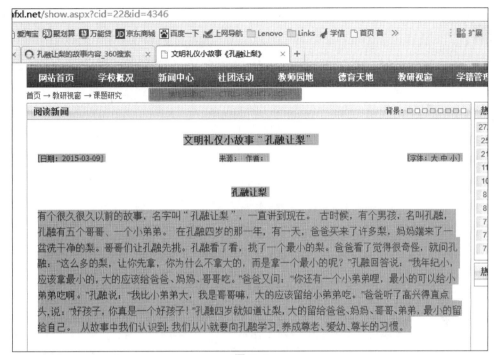

图 2-4

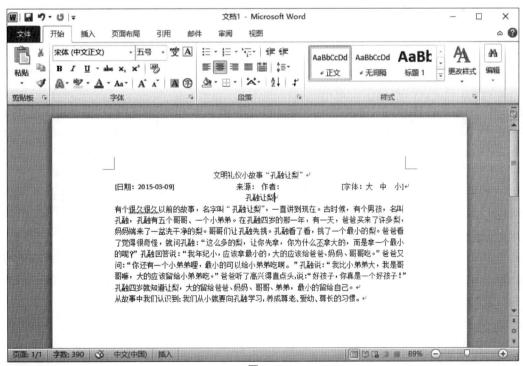

图 2-5

（3）在 Word 软件的字体工具组和段落工具组中修改字体、字号和行距，如图 2-6 所示。

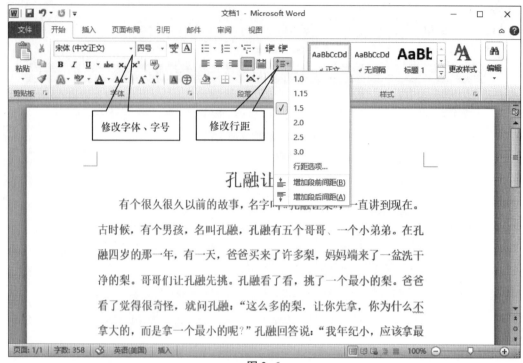

图 2-6

 你知道吗？

今天，能将汉字输入到计算机有很多种方法，是轻而易举的事情，但是，你知道是谁完成这一技术革命的吗？

在1946年2月15日，世界上第一台通用电子计算机（ENTAC）在美国宾夕法尼亚大学诞生，这是人类历史上具有划时代意义的一项伟大发明，标志着人类从此进入信息化时代。为英文打字而设计的键盘，用26个字母就能拼出所有英语单词，但想用它输入数以万计的汉字，几乎是不可能的。国外形成了一股强大的舆论，称"电脑时代，汉字将消亡"。

在南阳科委工作的王永民下定决心要把汉字输入到计算机中。1978年，他带着几个助手，开始把《现代汉语词典》中1.2万个汉字逐一手动分解，整理成了10多万张卡片，卡片堆叠起来足足有十几米高。通过分解，他梳理出600个字根，但600个字根，就需要600个键，王永民又开始一一合并删减，不断精简字根，压缩键位，每压缩一个键位，就需要把之前排好的字根组合推倒重来。从180键到90键、75键、62键……王永民每天啃烧饼度日，一干就是4年。

1982年隆冬，王永民带着优化了的36键方案来到保定华北终端厂上机试验。经过一次次编写程序、调试，当他用键盘通过自己的编码把汉字敲进计算机的时候，眼泪哗地涌了出来。不过试验成功没两天，王永民又做出了一个让所有人认为他"疯了"的决定——放弃36键，做25键。在同伴们看来，36键方案在国内已经是开天辟地头一个了，可王永民发现36键方案为字根占用了数字键，输入数字时需要切换，有些麻烦，难以实现盲打。

> 寒冬里，他把自己关在小旅馆里数日，反复试验，终于发明了一种叫"末笔字型识别码"的方法，把36键方案成功升级到25键方案，完成了汉字输入的技术革命，实现了汉字与计算机无缝接轨，把"洋键盘"一个螺丝钉也不动，装上软件，就变成中国人高效实用的汉字"盲打"键盘，开辟了汉字输入的新纪元！这是中国人为了文化传承勇于创新奋斗的结果，是文化自信的伟大成就。
>
> 选自《发明与创造》

2.3 图形/图像素材的采集与加工

【学习目标】

(1) 能够从网络上下载图像。
(2) 能够用键盘截取图像，能用常用的截图工具或截图软件获取图像。
(3) 了解 Photoshop 软件的功能，学会常用工具的使用。
(4) 能用 Photoshop 软件抠取图像、合成图像。
(5) 能用 Photoshop 软件对图像进行亮度、对比度、色饱和度的处理。
(6) 培养学生遵守网络道德的良好品质。

任务 1　填写"采集图形/图像素材的主要方法"表格

请记录采集图形/图像素材的主要方法，完成表 2-3。

表 2-3

资源类型	采集方法	优缺点	有关技巧
图形/图像			

【知识与技能】

图形/图像资源的获取方法主要有以下七个。

1. 网上下载

网上有大量的图形、图像资源，是我们获取图形、图像的最有效途径。通过搜索找到所需的图形、图像后，直接在图片上单击鼠标右键，选择"图片另存为"即可将选中的图片保存下来。

2. 利用数码相机拍摄

利用数码相机把所需要的景物等拍摄下来，直接输入计算机，这是获取图像的一种重要途径。

3. 利用键盘的"Print Screen"获取

在 Windows 系统中，标准键盘上都有一个"Print Screen"键，直接按下此键，整个屏幕的内容就会被捕捉到剪贴板中，之后可以打开一个图像处理软件（如画图），把剪贴板中的内容粘贴到此图像处理软件中，再把它保存为图像格式文件即可。

在键盘上若按下组合键"Alt+Print Screen"，则可将当前活动窗口中的内容捕捉到剪贴板上，同样也可粘贴到图像处理软件中。

4. 利用截图软件截图

利用键盘截图虽然很方便，但有时可能无法满足我们的需求，一些专业的截图软件提供了更多的功能，常用的截图软件有 HyperSnap-DX、Snagit、红蜻蜓等。其中，HyperSnap-DX 的功能较为齐全，除了灵活多样的截图方式外，对截取的图形、图像还具有很强的后期编辑功能，无须再调用其他的图像处理软件。

5. 利用截图工具截图

许多软件都有截图工具，如 Word、PPT、QQ 等，使用这些软件中的截图工具截图后，将其粘贴到图像处理软件中，再保存为图片格式即可。

6. 利用扫描仪扫描

扫描仪能将照片、报纸或杂志上的图像扫描为数字图像输入计算机，之后可用图像处理软件编辑处理，这是获取图像最常用的方法之一。扫描仪操作简单，参看扫描仪说明书即可学会使用。

7. 利用绘图软件获取

利用绘图软件如 Windows 的 PaintBrush（画图）、Photoshop 等都可以绘制出各种图形、图像，还有一些专用的图形创作软件，如 AutoCAD、CoreDraw 等。

任务 2　从网上下载一幅小熊的图片，把它保存为 JPG 格式

【任务实施】

（1）打开浏览器，选择图片页签，在搜索框中输入关键词"小熊"，如图 2-7 所示。

图 2-7

(2) 在打开的网页中找到所需的图片，在图片上单击鼠标的右键，选择"图片另存为"，将图片保存在本地电脑中，如图 2-8 所示。

图 2-8

任务 3 用 PowerPoint 软件的截屏工具采集图片

【任务实施】

(1) 打开欲截取的图片，或从网络中找到欲截取的图片，如图 2-9 所示。

图 2-9

（2）打开 PPT 软件，点击"插入"页签下的"截屏"工具，选择"截屏"中的"截屏时隐藏当前窗口"，如图 2-10 所示。

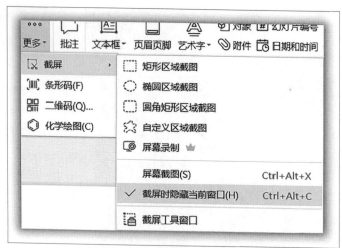

图 2-10

（3）窗口将自动切换到前面打开的图 2-9 所示窗口，在该窗口中拖动鼠标选择出要截取的部分，之后单击"完成"（可以拖动小方块以调整选区大小），如图 2-11 所示，则被截取的图像将自动插入到 PPT 中。在图 2-11 中，如果想放弃本次的截图操作可以点击"×"。

（4）在画图软件中，单击"粘贴"命令，则图 2-11 中的截图将粘贴到画图软件中，拖动画布周围的小方块调整画布大小，通过"选择工具"或"重新调整大小"命令调整图片大小和位置，最后点击文件中的"另存为"命令，保存为一种图片格式。

图 2-11

任务 4　利用 Photoshop 软件合成图片"森林中的小熊"

在课件制作中，常用 Photoshop 来处理图片。请利用 Photoshop 软件合成一个名为"森林中的小熊"的图片，如图 2-12 所示。

图 2-12

【知识与技能】

1. Photoshop CS5 的界面和常用工具

Photoshop 是 Adobe 公司开发的数字图像处理软件，具有图像处理和绘图功能，常用于广告、平面设计、视觉创意、网页制作等领域，具有功能完善、性能稳定、使用方便的特点。在课件制作中常用于处理图片素材。

Photoshop 的界面如图 2-13 所示。

左侧是工具箱，包含了常用的绘图工具，其中右下角有三角号的工具，表示含有隐藏的工具，当选择不同的工具时，属性栏的属性会随之变化，中间部分是绘图区，界面中还常包括图层、颜色、调整等面板。

2. Photoshop CS5 的常用工具

（1）选框工具：选框工具包括矩形选框工具、椭圆选框工具、单行选框工具、单列选框工具。选框工具可以用来选取规则的选区。选取后的选区呈虚线状，若此时一直处于选框状态，则把鼠标放到虚线框中，拖动鼠标，可以移动选框。

（2）套索工具：套索工具可以选择不规则的选区，磁性套索工具还能自动勾画出颜色相近的区域。

选框工具和套索工具都属于选区工具，当使用这两个工具时，常会在属性栏中进行"新选区、添加到新选区、去除选区、交叉选区"的属性设置，以便更准确地选择选区。

（3）移动工具：选中此工具，拖动鼠标，可以移动图片选区中的内容。

（4）魔棒工具：用来选取颜色相近的区域。

图 2-13

（5）文字工具：横排文字和直排文字工具用来输入文本，而横排文字蒙版工具和直排文字蒙版工具是建立文字形状的选区。

（6）渐变工具：将封闭区域填充上渐变色彩。

（7）图像处理工具：图像处理工具主要包含污点修复画笔工具、修复画笔工具、修补工具、红眼工具、仿制图章工具。

如果想去掉图片中的高压线、垃圾桶等不需要的内容，则可用污点修复画笔工具擦除。而修复画笔工具、仿制图章工具在使用时需要首先定义原点，具体操作是：按住 Alt 键的同时按住鼠标选取原点，然后松开 Alt 键，再用鼠标涂抹需要修复的部位。

3. Photoshop CS5 的图层

可以把每个图层理解为一张独立的透明胶片，将图像的各个部分绘制在不同的图层上，所有图层按顺序叠加起来观察，就可以看到完整的图像。每个图层中的图像能进行独立的编辑，不会影响到其他图层中的图像。

图层面板上显示了图像中的所有图层、图层组合和图层效果，可以使用图层面板上的创建图层、删除图层等功能进行图层编辑，也可以使用图层面板上的图层蒙版、调整图层等功能处理图像，制作出各种绚丽的效果图像。

【任务实施】

（1）启动 Photoshop CS5，分别打开图片"小熊"和"森林"，如图 2-14 所示。

合成图片森林中的小熊

(2)在"小熊"图片中用磁性套索工具,选出小熊,如图 2-15 所示。

图 2-14

图 2-15

(3)选择移动工具,将选中的"小熊"部分拖到"森林"图片中。

(4)勾选属性栏中的显示变换控件,调整"小熊"的大小和位置,完成图片合成,如图 2-16 所示。

(5)点"文件"菜单中的"存储为"命令,弹出"存储为"对话框,在该对话框中选择存储位置,将文件名修改为"森林中的小熊",选择存储格式为图片格式,如"*.JPG"。

图 2-16

任务 5　利用魔棒工具合成图片"戏水的小鸭子"

利用魔棒工具合成图片"戏水的小鸭子",效果如图 2-17 所示。

图 2-17

合成图片戏水
的小鸭子

【任务实施】

（1）启动 Photoshop CS5，分别打开图片"小鸭子"和"河水"，如图 2-18 所示。

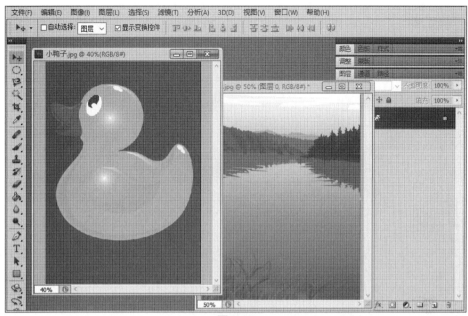

图 2-18

（2）选择魔棒工具，单击图片"小鸭子"的黄色部位，则接近黄色的区域都会被选择出来。

（3）单击属性中的"添加到新选区"，进一步选出鸭子的嘴、眼等区域，直至选出全部小鸭子，如图 2-19 所示。

图 2-19

（4）用移动工具将小鸭子拖到"河水"图片中。

（5）调节小鸭子的位置和大小，结果如图2-20所示。

（6）将合成的图片命名为"戏水的小鸭子"保存到计算机中。

图2-20

议一议

习近平总书记强调："国无德不兴，人无德不立。"崇德尚德是中华儿女向来追崇的宝贵精神品格，也是社会主义核心价值观的重要源泉。伴随着信息技术的高速发展，互联网已逐渐成为现代社会信息共享、资源共享的主流平台，互联网的信息声色俱全、图文并茂。请结合我们今天所学图片下载、处理等技术。

议一议：媒介真实等于事件真实吗？如何提高自己的网络自律行为，遵守网络道德？

【拓展学习】

1. 选区的属性应用

当使用工具箱中的选区工具时，经常需要配合属性栏操作，属性栏中的工具如图2-21所示，其主要功能如图2-22所示。

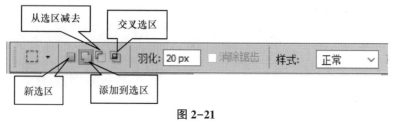

图2-21

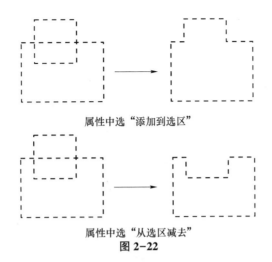

图 2-22

2. 保存 Photoshop 抠图

用 Photoshop 处理图像，经常涉及抠图，如何把抠取的图像保存起来，以备今后继续使用呢？下面以抠取图 2-23 中的两只小兔子为例学习其操作。

图 2-23

（1）在 Photoshop 中打开"小兔子"图片，解锁图层。

（2）用套索工具（或魔棒工具、选框工具），配合"添加到选区""从选区减去"等属性工具将两只小兔子选中，如图 2-24 所示。

（3）点"选择"菜单中的"反向"命令，使两只小兔子以外的背景被选中。

（4）点"编辑"菜单中的"清除"命令删除背景，然后"取消选择"，效果如图 2-25 所示。

（5）点"文件"菜单中的"保存为"。

（6）在弹出的对话框中将保存格式选为 PNG 格式，修改文件名，选择保存位置，之后点"确定"。

图 2-24

图 2-25

3. 图片处理

利用图像处理工具去掉图 2-26 中的高压线，可用下面的操作步骤实现。

（1）选择污点修复画笔工具，鼠标呈圆形，通过属性栏调节圆的大小。

（2）在高压线处按住鼠标擦除。

擦除图片中的高压线

图 2-26

任务 6　调整"重峦叠嶂"图像的亮度、对比度和色饱和度

图 2-27 是一幅"重峦叠嶂"的图像，图像整体偏暗，尤其近处的山和树的亮度较低，降低了图片的层次，需要通过调整图像的亮度、对比度、色饱和度等来提高图片的亮度，增强层次感。

调整图片亮度对比度色饱和度

图 2-27

【任务实施】

方法一：

（1）在 Photoshop 中打开图片"重峦叠嶂"。

（2）选择"图像"菜单下的"调整"子菜单中的"亮度/对比度"命令，打开亮度/对比度对话框。在该对话框中增强亮度，并适度调整对比度，然后单击"确定"键，如图 2-28 所示。

（3）再选择"图像"菜单下的"调整"子菜单中的"自然饱和度"命令，打开自然饱和度对话框，调整其中的饱和度，然后单击"确定"键，如图 2-29 所示。

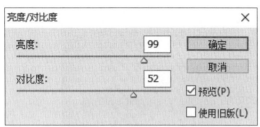

图 2-28

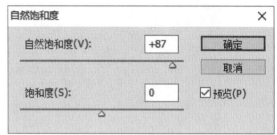

图 2-29

（4）调整后的效果如图 2-30 所示。

图 2-30

方法二：

上述对"重峦叠嶂"图片所做的调整也可在调整面板中完成。

（1）勾选"窗口"菜单下的"调整"命令，打开调整面板。

（2）在调整面板中选中"创建新的亮度/对比度图层"图标，如图 2-31 所示。

（3）在弹出的亮度/对比度对话框中调整亮度和对比度，如图 2-32 所示。

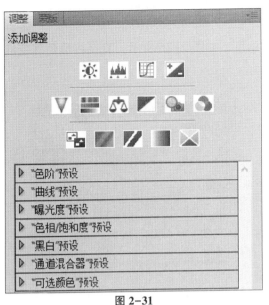

图 2-31

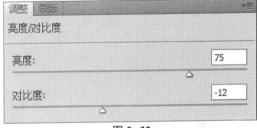

图 2-32

（4）返回调整面板，用同样的方法调整自然饱和度，直至获得图 2-30 的效果。

通过调整面板做调整时，会在图层面板中原有图层的基础上增加一个相应的图层，这种情况下对图片所做的调整不会影响原有图层。

【拓展学习】

Photoshop 除了整体调整图像的亮度、色饱和度等项外，还经常利用图层调整功能改变图像的局部色彩，或为图像增加渐变映射等操作，以取得特殊效果。

例如，将"彩球"图片中右上侧的橙色球调整为绿色，具体操作步骤如下。

（1）在 Photoshop 中打开图片"彩球"，如图 2-33 所示。

图 2-33

（2）鼠标单击图层面板中的"创建新的填充或图层调整"功能键，在弹出的命令中选择"色相/饱和度"，如图2-34所示。

（3）在调整面板中反复调节色相、饱和度、明度，如图2-35所示，直至将橙色球变成绿色，此时其他球也改变了颜色，如图2-36所示。

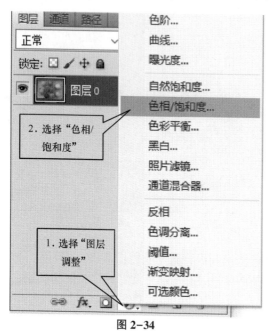

图2-34

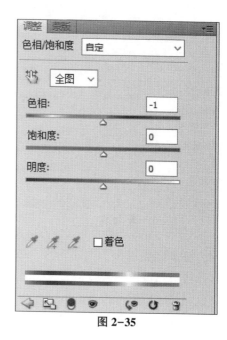

图2-35

图2-36

（4）切换前景色和背景色，将前景色设置为黑色，背景色设置为白色。

（5）用画笔工具涂抹右上绿球以外的区域。其简便的操作是，可用魔棒工具选中图片右上侧的绿色球，然后"反向"选择，再用画笔工具涂抹绿球以外的区域，结果如图2-37所示。

图 2-37

2.4 声音素材的采集与加工

【学习目标】

(1) 了解获取声音素材的主要方法。
(2) 能够从网上下载声音素材。
(3) 能够用手机或 Windows 自带的录音机录制声音。

任务 1 填写"获取声音素材的方法"表格

请把您获取声音素材的各种方法、技巧和经验与大家分享,并记录下各种好的方法,完成表 2-4。

表 2-4

资源类型	获取方法	优缺点	有关技巧
声音			

【知识与技能】

声音素材获得的主要方法有以下五种。

1. 从网上下载

网上有丰富的声音素材,从网上搜索到所需的声音后,可以直接从网上下载。

2. 从 CD、VCD 中获取

CD、VCD 可以用超级解霸的音频播放器播放，然后压缩成 MP3 格式，再根据需要决定是否转成其他格式。

3. 用音频软件获取

将麦克风与计算机的"MIC"接口连接，然后启动音乐编辑软件，利用录音软件的录音功能，通过麦克风就可以录下现场的解说、音乐等。

4. 从多媒体素材库中直接调取

对于一些难以通过其他渠道获取的声音素材，可以直接购买多媒体素材库，这些素材库中含有大量的音乐和效果声，一般以 WAV、MIDI 等格式存放，可以直接调用。

5. 从课件中获取

大多数课件中的声音都存放在 WAV 文件夹中，从中可以获取所需的声音。

6. 用手机采集

目前，手机基本自带录音机工具，利用手机的录音机工具录制声音或音乐后，可分享到计算机做进一步处理。

任务 2　用电脑中的录音机录制一段幼儿诗歌

声音是幼儿课件中常用的元素，委婉动听的诗歌、声情并茂的故事、大自然的各种声音都能激发幼儿的情感，增强幼儿探索的欲望，在本任务中我们用一种最方便、最简单的录音方法来录制自己朗诵的一段幼儿诗歌。

【任务实施】

（1）将麦克风插入电脑。

（2）在开始菜单中找到"录音机"并单击打开，如图 2-38 所示，弹出如图 2-39 所示界面，该界面非常简单，只有一个录音话筒，单击即可录音。

图 2-38

图 2-39

（3）录音中界面如图 2-40 所示。诗歌朗诵结束后，单击该界面中的蓝色矩形停止键，则录音结束，此时，界面左上角会出现刚刚录制的声音文件信息，在该文件信息上单击鼠标右键，可以给文件重命名，也可以找到文件的保存位置，如图 2-41 所示。

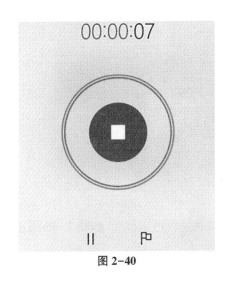

图 2-40

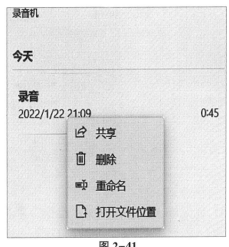

图 2-41

（4）计算机自带的录音机还具有简单的裁剪功能。在放音乐状态下，使用界面下的剪裁图标即可实现，如图 2-42 所示。

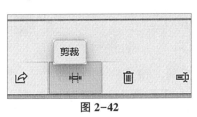

图 2-42

任务 3　用 GoldWave 软件采集和处理音频故事"小熊不刷牙"

计算机中的录音机，音质有限，且功能非常少，只能完成录音、放音和极简单的裁剪功能，经常无法满足课件制作中对音频处理的要求。本任务中将使用 GoldWave 音频软件录音和编辑声音文件《小熊不刷牙》。GoldWave 是一个集声音编辑、播放、录制和转换于一体的音频工具，体积小，但功能强大，支持很多音频格式，简单易学。

【任务实施】

（一）录制声音文件——故事《小熊不刷牙》

（1）将麦克风插到电脑上。

（2）打开 GoldWave 软件，单击"文件"菜单中的"新建"命令，如图 2-43 所示，弹出新建声音设置对话框，如图 2-44 所示，在该对话框中设置声音的频道数量、采样率和录制长度，录制麦克风声音最好选择单声道，采样率越大，音质越好。频道数量、采样率、文件长度的设置也可从预设中选择。设置好后单击"OK"。

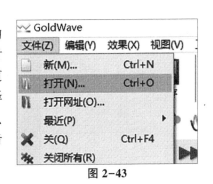

图 2-43

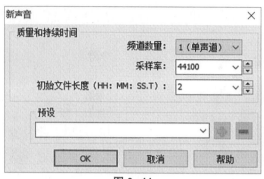

图 2-44

（3）设置输入设备：单击"选项"菜单中的"控制属性对话框"，如图 2-45 所示。

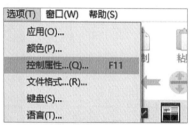

图 2-45

弹出控制属性对话框，切换到"设备"选项卡，在记录中选择"麦克风"，最后单击"OK"确定，如图 2-46 所示。如果想录制电脑系统的声音，此处选择"扬声器"。

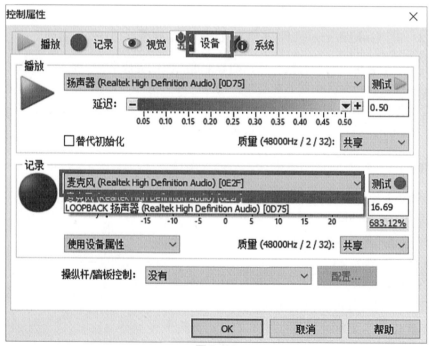

图 2-46

（5）设置完成后，单击红色的录音键（或控制器面板中的录音健）就可以开始录音了，如图2-47所示。

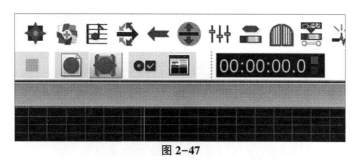

图2-47

（6）录音结束后单击红色的停止键（或控制器面板中的停止键）则停止录音，如图2-48所示，然后单击"文件"菜单中的"另存为"按钮，就可把刚刚记录的故事声音文件保存起来。

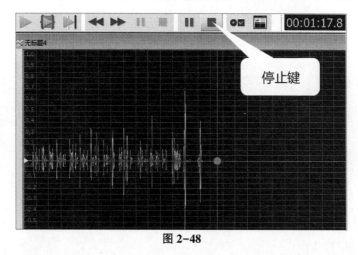

图2-48

（二）编辑声音文件——故事《小熊不刷牙》

1. 裁剪掉片头的杂音

（1）打开GoldWave软件，单击"文件"菜单的"打开"命令，打开故事文件《小熊不刷牙》，如图2-49、图2-50所示。

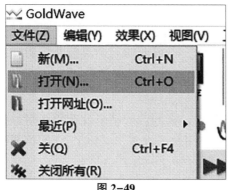

图2-49

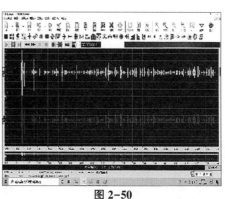

图2-50

（2）单击音频播放键▶，声音将从头播放，在杂音结尾处按播音停止键■，然后在带有三角号的直线上点击鼠标右键，在弹出的菜单中选择"设置完成标记"，如图 2-51 所示，之后界面变成如图 2-52 所示，此图表示高亮度显示的蓝色部分被选中，即片头的杂音部分被选中。最后单击删除按钮。

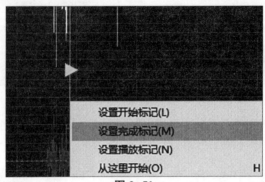

图 2-51

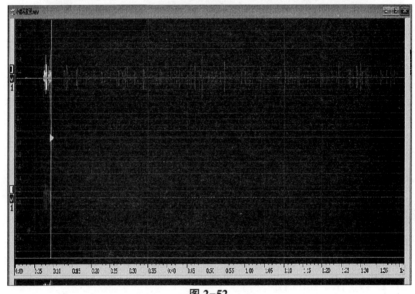

图 2-52

2. 裁剪掉中间录错的语句

（1）设置裁剪的起始点。播放故事《小熊不刷牙》，在裁剪的起始点按暂停键▮▮，在带有三角号的直线上点击鼠标右键，从弹出的对话框中选"设置开始标记"，如图 2-53 所示。

（2）设置裁剪的结束点。按放音键，继续播放故事，在裁剪的结束处按停止键，在带有绿色三角号的直线上点击鼠标右键，从弹出的菜单中选择"设置完成标记"，则欲裁剪掉的部分被选中，即蓝色高亮度区域，如图 2-54 所示。

（3）单击删除键，录错的语句将删除。

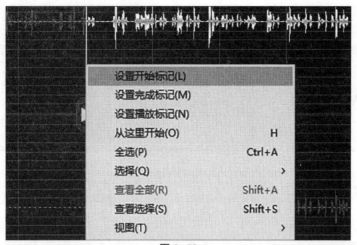

图 2-53

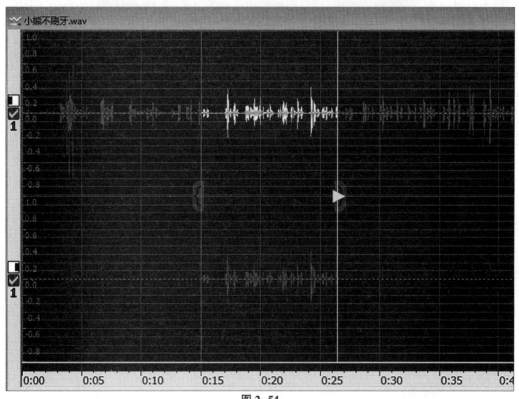

图 2-54

3. 加一段配乐前奏

为增强故事感染力,将为《小熊不刷牙》故事加一段配乐前奏。

(1) 打开文件《背景音乐》,如图 2-55 所示。

(2) 两个声音文件的音量差别较大,在本例中《小熊不刷牙》的音量较低,可以通过"效果"菜单中"音量——改变音量"命令来调整音量,使两段音量相协调,操作如图 2-56、图 2-57 所示,效果如图 2-58 所示。

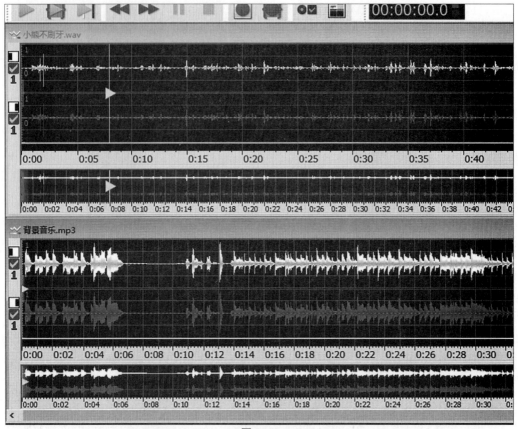

图 2-55

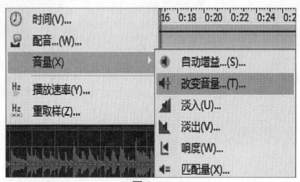

图 2-56

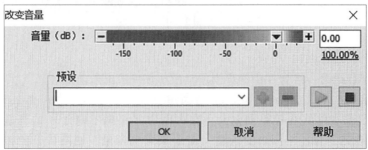

图 2-57

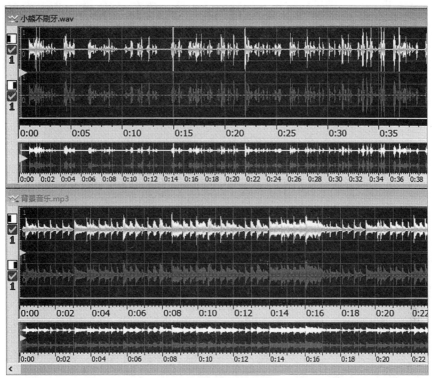

图 2-58

（3）按照前面"裁剪掉录错语句"的方法从"背景音乐"中选中一段音乐，如图 2-59 所示，然后单击工具中的"剪切"命令。

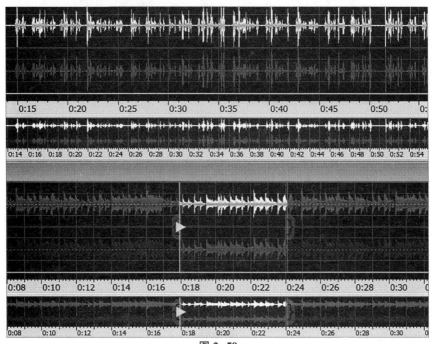

图 2-59

（4）单击粘贴命令，则这段配乐添加到了《小熊不刷牙》的前面，如图 2-60 所示。

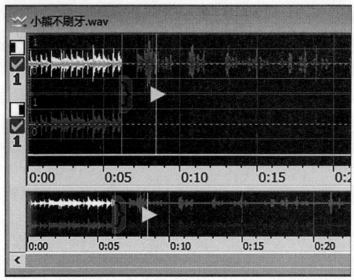

图 2-60

（5）将配乐前奏设置为"淡出"，以便与《小熊不刷牙》的故事衔接自然。操作方法是：通过"效果"菜单中的淡出来实现，如图 2-61、图 2-62 所示。效果如图 2-63 所示。

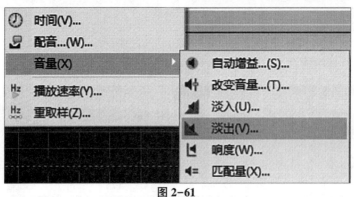

图 2-61

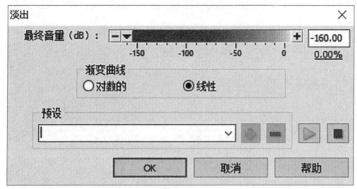

图 2-62

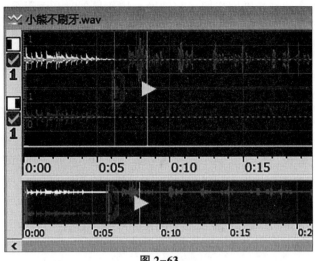

图 2-63

（6）单击"文件"菜单中的"另存为"命令，将处理好的声音文件《小熊不刷牙》的故事保存到电脑中。

2.5 动画素材的采集与加工

【学习目标】

（1）了解采集动画素材的常用方法，能够从网上下载动画素材。
（2）了解制作动画的常用软件有哪些。

任务 填写"采集动画素材的方法"表格

请把您采集动画素材的各种方法、技巧和经验与大家分享，并记录下各种好的方法，完成表 2-5。

表 2-5

资源类型	采集方法	优缺点	有关技巧
动画			

【知识与技能】

1. 动画的基本原理

动画的基本原理与电影、电视一样，都是基于人的"视觉暂留"特性和"心理作用"。

当一系列具有相邻关系的静止画面按照一定的速率快速呈现时,由于视觉暂留和心理原因就形成了运动的感觉。一般来说,电影的速率是 24 帧/秒,动画是 8 帧/秒以上。

2. 动画素材的获取

(1) 从网上下载。

网上有许多制作好的动画,也有许多动画素材,可以根据需要直接从网上下载。

(2) 使用动画软件制作。

在一般的动画制作中,最常用的方法是使用动画制作软件生成动画,根据创作对象不同,动画制作软件可分为二维动画制作软件和三维动画制作软件两类。当前最为流行的二维动画制作软件有 Flash、Swishmax 等,常用的三维动画制作软件有 3D、MAYA 等。

2.6 视频素材的获取与加工

【学习目标】

(1) 了解采集视频的常用方法,能够从网上下载视频。
(2) 能够用格式工厂软件进行视频格式的转换。
(3) 了解常用的视频编辑软件有哪些。

任务 1 填写"采集视频素材的方法"表格

请把您采集图像素材的各种方法、技巧和经验与大家分享,并记录下各种好的方法,完成表 2-6。

表 2-6

资源类型	采集方法	优缺点	有关技巧
视频			

【知识与技能】

1. 视频素材的采集方法

(1) 摄像机拍摄。

摄像机拍摄的信号是视频信号,将数字摄像机拍摄的信号直接存入计算机,然后可以利用视频编辑软件进行编辑。

(2) 利用光盘中现有的视频。

VCD、DVD 中有大量的视频素材,利用超级解霸可以从 VCD、DVD 上截取所需要的视频。

（3）网上下载。

网上下载视频常用的下载工具有网际快车、迅雷、影音传送带等。

（4）利用视频捕捉软件。

通过屏幕视频捕捉软件，可以捕捉到正在播放的视频，如 HyperCam、Camtasia 等。Camtasia 的使用将会在后面的章节介绍。

（5）从课件中获取。

课件中的视频一般都会单独存放，不会和可执行文件打包在一起，可以直接调用。

2. 视频素材的加工

（1）利用视频转换工具实现格式转换。

视频转换工具可以实现视频格式的转换，如 RM 转换精灵、AVI 转换精灵、FormatFactory（格式工厂）等。

（2）利用视频编辑软件编辑视频。

常用的视频编辑软件有绘声绘影、Premiere 等。

任务 2　将一段视频转化为 MP4 格式

请选择一段格式为 FLV 的视频（或其他格式的视频），用视频转换工具转换为 MP4 格式。

【任务实施】

（1）打开 FormatFactory 软件，选择输出格式"MP4"，如图 2-64 所示。

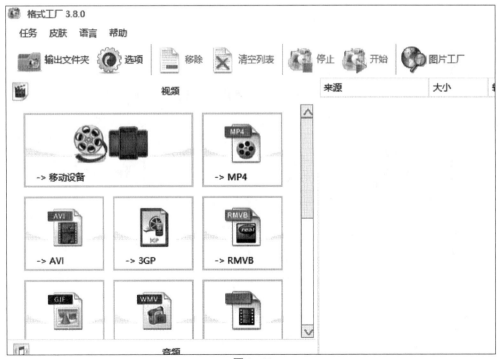

图 2-64

（2）在弹出的对话框中添加要转换的文件以及转换后文件的存放位置，如图 2-65 所示。

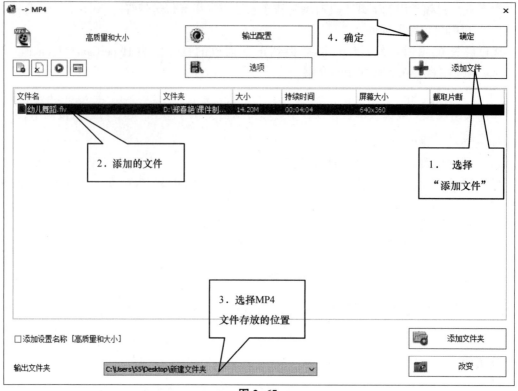

图 2-65

（3）在之后弹出的对话框中选择"开始"，如图 2-66 所示。

图 2-66

【课后思考】

(1) 各种格式的多媒体素材文件的应用条件是什么？

(2) 简述图片素材的获取方法？

(3) 图形、图像的主要区别是什么？

(4) Photoshop 抠图有哪些方法？

(5) 如何调整图像的亮度、对比度、色饱和度？

第三模块

演示型课件制作

【概述】

　　演示型课件是教师根据教学目标、利用PowerPoint合理地将教学内容按照一定的组织结构制作成的课件。对幼儿而言，演示型课件的生动性、对照性特点可极大地提高幼儿对事物的认知，因此，制作生动活泼的PowerPoint演示型课件是幼儿教师需要掌握的技能。本模块通过3个具体案例来讲解使用PowerPoint制作演示型课件的基本方法。能够使用PowerPoint制作简单的演示型课件是对幼儿教师的基本要求，由于幼儿教师教学对象的特殊性，因此，幼儿教师在制作PowerPoint演示型课件时，不仅要求课件内容的正确性、完整性，还要求课件具有生动性、形象性等特征。本模块通过2个具体案例来讲解在PowerPoint中为课件添加动画的具体操作、放映幻灯片的相关设置，以及如何又好又快地制作演示型课件。

【内容导图】

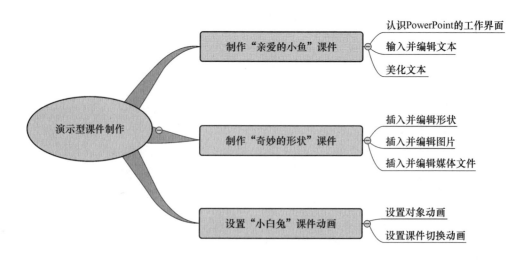

3.1 制作"亲爱的小鱼"课件

【学习目标】

（1）制作"亲爱的小鱼"课件。
（2）了解演示型课件的基本操作。
（3）能根据内容编辑和美化文本。
（4）感受汉字的独特魅力，热爱祖国灿烂的文化。

PowerPoint 是一款在幼儿园教学中最为常见的演示型课件制作软件。一个演示文稿由多张幻灯片组成，一张幻灯片由多个对象内容组成。本节将通过制作"亲爱的小鱼"课件来具体讲解 PowerPoint 的基本操作。

任务1　认识 PowerPoint 的工作界面

选择【开始】/【所有程序】/【Microsoft Office】/【Microsoft PowerPoint 2010】命令，启动 PowerPoint 后即可看到其工作界面，如图 3-1 所示。

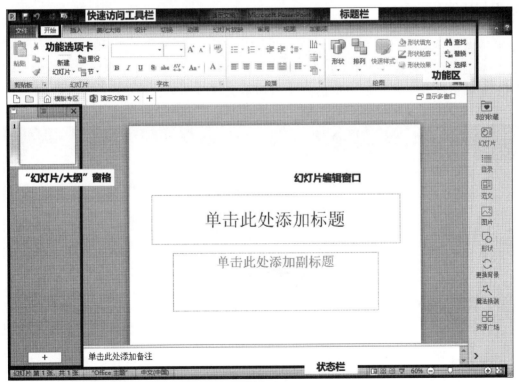

图 3-1

标题栏：PowerPoint 的标题栏位于工作界面的最上方，左侧的文字分别代表演示文档名称和 PowerPoint 软件名称，右侧的 3 个按钮分别用于对工作界面窗口执行最小化、还原/最大化、关闭操作。

快速访问工具栏：其中提供了最常用的"保存"按钮、"撤销"按钮和"恢复"按钮。如果需要在快速访问工具栏中添加其他按钮，则可单击其后的按钮，在打开的下拉列表中选择所需的选项即可。

功能区和功能区选项卡：PowerPoint 将所有的常用命令集成在几个功能区选项卡中，单击功能区选项卡可切换到相应的功能区，在功能区中有许多自动适应窗口大小的工具组，不同的工具栏中又放置了与此相关的命令按钮或列表框。

幻灯片编辑窗口：幻灯片编辑窗口用于显示和编辑幻灯片，在"幻灯片/大纲"窗格中单击某张幻灯片后，该幻灯片的内容将显示在幻灯片编辑窗口中。幻灯片编辑窗口是使用 PowerPoint 制作演示文稿的操作平台，其中可以输入文字、插入图片、设置动画效果等。

"幻灯片/大纲"窗格：用于显示演示文稿的幻灯片数量及位置，它包括"大纲"和"幻灯片"两个选项卡，单击这两个选项卡可在不同的窗格间进行切换，默认打开"幻灯片"窗格。"幻灯片"窗格将显示整个演示文稿中幻灯片的编号及缩略图，"大纲"窗格将列出当前演示文稿中各张幻灯片中的文本内容。

状态栏：位于窗口底端，主要用于显示当前演示文稿的编辑状态和显示模式。单击状态栏右侧的图标或按钮，可调整当前幻灯片的显示大小，单击右侧的按钮，可按当前窗口大小自动调整幻灯片的显示比例，使其在当前窗口中可以看到幻灯片的整体效果，且显示比例为最大。

【知识与技能】

1. 新建演示文稿

（1）通过命令新建空白演示文稿：启动 PowerPoint 后，选择【文件】/【新建】命令，在"可用的模板和主题"栏中单击"空白演示文稿"图标，再单击"创建"按钮，如图 3-2 所示。

图 3-2

（2）通过快捷菜单新建空白演示文稿：在桌面空白处单击鼠标右键，在弹出的快捷菜单中选择【新建】/【Microsoft PowerPoint 演示文稿】命令。

（3）通过自带模板新建演示文稿：启动 PowerPoint，选择【文件】/【新建】命令，在"可用的模板和主题"栏中单击"样本模板"图标，在打开的页面中选择所需的模板选项，单击"创建"按钮，如图 3-3 所示。

图 3-3

（4）网上下载模板新建演示文稿：启动 PowerPoint，选择【文件】/【新建】命令，在中间的"Office.com 模板"栏中单击"演示文稿"图标，在打开的页面中选择一种演示文稿样式，然后在打开的该种演示文稿样式页面中选择需要的模板样式，单击"下载"按钮，如图 3-4 所示。

（5）通过主题新建演示文稿：启动 PowerPoint，选择【文件】/【新建】命令，在"可用的模板和主题"栏中单击"主题"图标，在打开的页面中选择所需的主题，单击"创建"按钮，如图 3-5 所示。

2. 幻灯片的视图模式

（1）普通视图：默认显示普通视图，若当前视图在其他视图模式下，则可在【视图】/【演示文稿视图】组中单击"普通视图"按钮切换到普通视图，它是操作幻灯片时主要使用的视图模式，如图 3-6 所示。

（2）阅读视图：在【视图】/【演示文稿视图】组中单击"阅读视图"按钮可切换到阅读视图。阅读视图将以全屏动态的方式显示演示文稿的放映效果，预览演示文稿中设置的动画和声音，并且能观察每张幻灯片的切换效果，如图 3-7 所示。

（3）幻灯片浏览视图：在【视图】/【演示文稿视图】组中单击"幻灯片浏览视图"按钮可切换到幻灯片浏览视图。在幻灯片浏览视图中可以浏览整个演示文稿中的幻灯片，改变幻灯片的版式、设计模式、配色方案等，也可重新排列、添加、复制或删除幻灯片，但不能编辑单张幻灯片的具体内容，如图 3-8 所示。

图 3-4

图 3-5

图 3-6

图 3-7

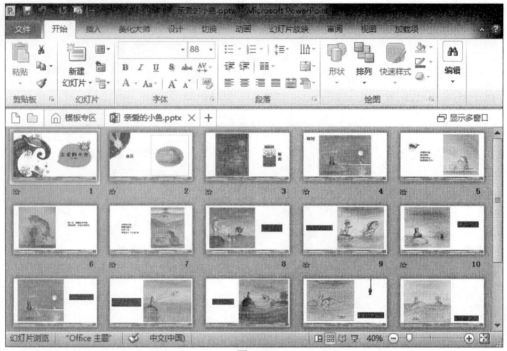

图 3-8

(4) 备注页视图：在【视图】/【演示文稿视图】组中单击"备注页视图"按钮可切换到备注页视图。备注页视图是将备注窗格以整页格式进行显示，制作者可以方便地在其中编辑备注内容，如图 3-9 所示。

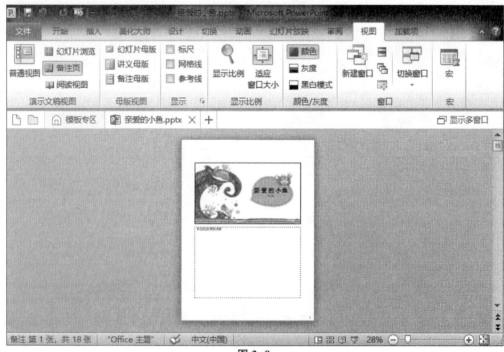

图 3-9

任务 2　输入并编辑文本

在不同的演示文稿中，其主题、表现方式都会有所差异，但无论是哪种类型的演示文稿，都不可能缺少文字内容。我们开始制作"亲爱的小鱼"演示文稿，在创建的演示文稿的幻灯片中输入并编辑文本，其具体操作步骤如下。

【任务实施】

（1）打开"亲爱的小鱼"模板。

（2）选择第 1 张幻灯片，将鼠标光标移动到显示"请输入标题"的标题占位符处单击定位插入点，拖动鼠标选择其中的文本，按 Delete 键删除，然后输入"亲爱的小鱼"文本。

（3）选择第 2 张幻灯片，在"输入标题"文本框中输入"扉页"文本，第 3 张幻灯片输入"封面"，第 4 张幻灯片输入"环衬"，如图 3-10 所示。

图 3-10

（4）在网上找到"亲爱的小鱼"绘本，结合绘本内容，把每页绘本文字提取出来，插入模板相应画面的幻灯片，如图 3-11 所示。

图 3-11

(5) 选择第 18 张幻灯片，在其中输入"谢谢观赏"的文本，完成效果如图 3-12 所示。

任务 3　美化文本

输入文字后默认的文本格式，会使幻灯片显得枯燥，影响幼儿的观赏兴趣，在制作幻灯片时，可通过设置文本格式等方法来美化幻灯片，提高观赏性。

【任务实施】

1. 插入艺术字

在幻灯片中插入艺术字的具体操作步骤如下。

(1) 选择第 1 张幻灯片，在"插入"选项卡的"文本"组中单击"艺术字"按钮，在打开的下拉列表中选择如图 3-13 所示选项。

(2) 此时将在幻灯片中添加一个所选样式的艺术字文本框，在其中输入"中班　语言"文本。

图 3-12

（3）选择艺术字所在的文本框，然后在"开始"选项卡的"字体"组的"字体"下拉列表中选择"方正喵呜体"选项，在"字号"下拉列表中选择"40"选项，单击"加粗"效果按钮 B。

（4）保持艺术字文本框的选择状态，在"格式"选项卡的"艺术字样式"组中单击"艺术字效果"按钮，在打开的下拉列表中选择"阴影"选项，在打开的子列表中选择"外部"栏中的"向下偏移"选项，如图 3-14 所示。

（5）将艺术字移动到合适位置。

2. 设置文本格式

我们在幻灯片中输入文本时，默认的字体为宋体，而幻灯片是一个观赏性比较强的文档，因此我们可以设置其文本格式，使其效果更美观，如设置字体、字号、字体颜色。下面在"亲爱的小鱼"演示文稿中设置文本的格式，其具体操作步骤如下。

（1）选择第 1 张幻灯片，在其中选择输入的文本，然后在"开始"选项卡的"字体"组中单击"对话框启动器"按钮 。

（2）打开"字体"对话框，在"字体"下拉列表中选择"方正胖头鱼简体"选项。

（3）单击确定按钮。

调整文字颜色

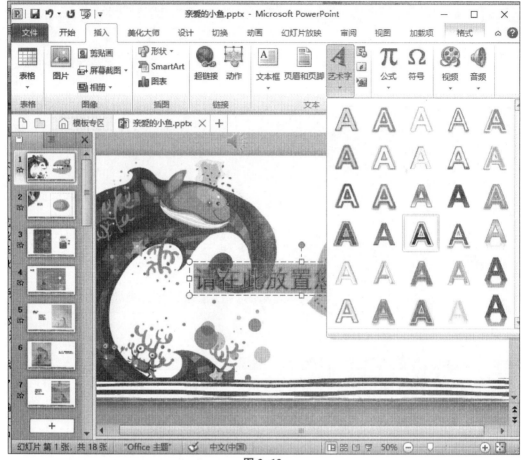

图 3-13

（4）请对其他幻灯片中的文字根据理解进行设计。

3. 插入文本框

幻灯片模板中自带的文本框不能满足需求时，可手动添加文本框输入文本，其具体操作步骤如下。

（1）在"插入"选项卡的"文本"组中单击"文本框"按钮，在打开的下拉列表中选择"横排文本框"选项。

（2）在幻灯片中拖动鼠标绘制文本框，输入文本。

（3）将文本框移动到幻灯片合适的位置。

【知识与技能】

安装字体

1. 如何安装字体

在制作课件的时候，我们会发现电脑系统自带的字体较少，没有我们想要的字体，达不到想要的效果，其实我们可以往电脑里安装字体，下面我们来看一下如何安装字体。

（1）到网上搜索并下载自己喜欢的字体，如图 3-15 所示。

图 3-14

图 3-15

（2）下载完成后，将它解压到桌面，如图 3-16 所示。

图 3-16

（3）在桌面上双击解压后的字体文件，然后单击安装就可以了，如图 3-17 所示。

图 3-17

2. PowerPoint 中字体的保存

制作演示文稿时，我们用下载的字体使我们的演示文稿更加高端、大气、上档次，但是在别人的电脑上放映时却没有了下载的字体，使演示文稿失去美感。下面我们来学习一下如何保存下载的字体。

嵌入字体

（1）编辑文字"亲爱的小鱼"，如图 3-18 所示。

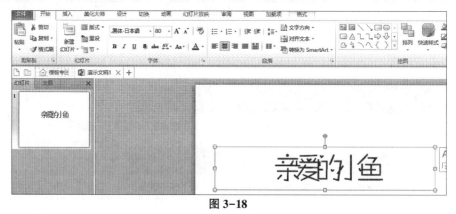

图 3-18

（2）单击文件，如图 3-19 所示。选择选项，如图 3-20 所示。

图 3-19

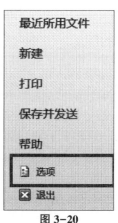

图 3-20

(3)在弹出的选项对话框中左侧选择保存,勾选右下角将字体嵌入文件,如图 3-21 所示。

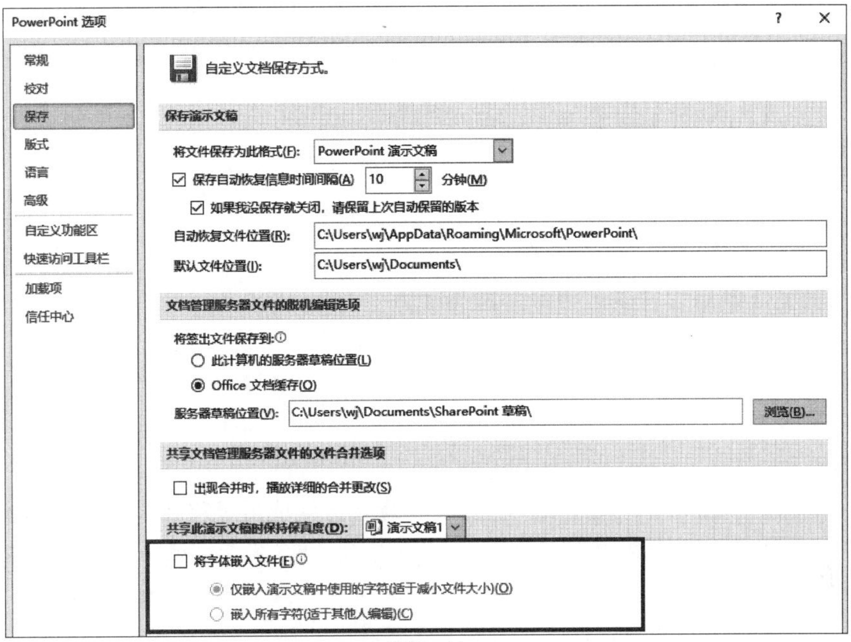

图 3-21

(4)单击确定,字体就嵌入当前所做的演示文稿了。

3. 保存和关闭演示文稿

(1)在演示文稿中选择【文件】/【保存】命令。

(2)打开"另存为"对话框,选择保存演示文稿的位置,在"文件名"下拉列表框中输入名称"亲爱的小鱼",然后单击"保存"按钮保存该演示文稿,如图 3-22 所示。

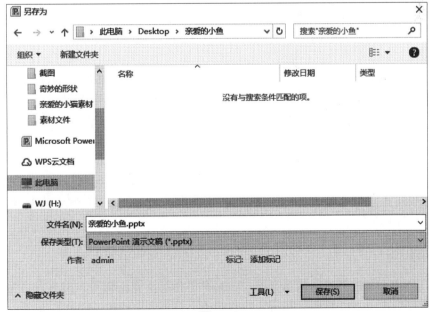

图 3-22

> **读一读**
>
> 在美化文本中,你有没有感觉到汉字的独特魅力呢?有宋体、有隶书、有行楷……每一个字都有万种风情,在世界各国的文字中,历经几千年还能传播下来,并能发展为艺术形态的,恐怕只有汉字了。
>
> 汉字之美是因为它是象形文字,有神韵之美。它有点的圆润、横的平直、竖的挺拔、撇的飘逸,有富有表现力的线条、和谐匀称的结构,每一个字都可以是一幅美丽的画作。
>
> 汉字之美还因为它有强大的信息蕴含之力。"举一反三",一个四字成语就是一个故事,一个哲理,如果翻译成英文,不知道要用多少字母去组合。
>
> 汉字之美还因为它有会意之美。"休"就是一个人靠在树旁休息,"木"字下面多一点就是本(根)。
>
> ……
>
> 汉字是世界上最古老的文字之一,是迄今为止持续使用时间最长的文字,世界上多数国家和民族的文字都是在中国创立汉字2000年到3000年后创立或形成的,汉字是上古时期各大文字体系中唯一传承至今的文字,它是联合国指定的七种语言之一。在课件制作中,我们完全可以大胆尝试,尽情发挥汉字独特的魅力,让你的课件熠熠生辉。

3.2 制作"奇妙的形状"课件

【学习目标】

(1)认识演示文稿中的形状、图片、图形。
(2)学会添加形状、图片和图形。
(3)掌握视频与音频的添加。

幼儿园使用的演示型课件一般比较生动活泼,这样能提高幼儿的学习兴趣。使用PowerPoint制作演示型课件时,可添加多种对象来丰富课件内容,提高课件的观赏性和趣味性,让幼儿能从兴趣中学到知识、得到启发。本节将通过制作"奇妙的形状"课件来具体讲解在PowerPoint中添加对象的相关知识,如添加形状、图片、图形、音频、视频等。

任务1 插入并编辑形状

PowerPoint中提供了多种类型的形状供用户选择,用户可以在幻灯片中直接绘制提供的形状,并可以对形状进行编辑美化,下面在"奇妙的形状"演示文稿中绘制并编辑形状,其具体操作步骤如下。

【任务实施】

(1)打开"奇妙的形状"演示文稿,在其中选择第4张幻灯片,然后在"插入"选项卡的"插图"组中单击"形状"按钮,在打开的下拉列表中选择"椭圆"选项,如图3-23所示。

第三模块　演示型课件制作

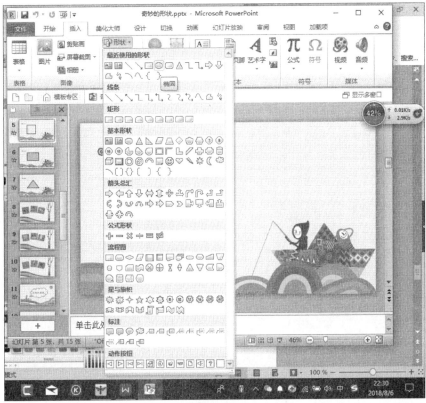

图 3-23

（2）此时鼠标指针变为十字光标时，按住 Shift 键的同时，在幻灯片中拖动鼠标绘制圆形，如图 3-24 所示。

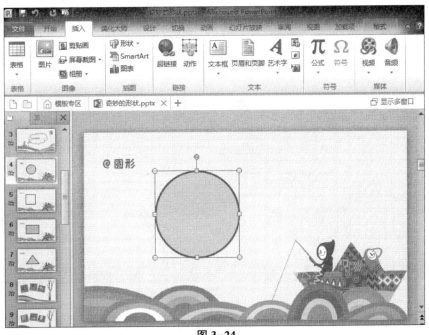

图 3-24

(3)此时绘制的形状将自动填充默认的颜色,保持形状的选中状态,然后在"格式"选项卡的"形状样式"组中单击"形状填充"按钮,在打开的下拉列表中选择"蓝色,强调文字颜色1"选项,如图3-25所示。

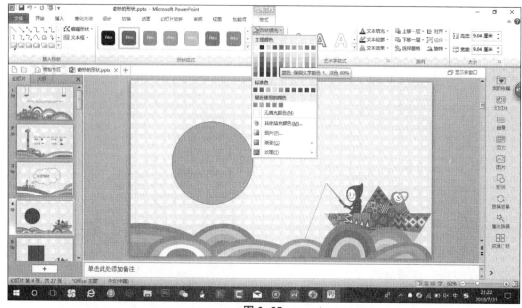

图3-25

(4)此时形状将使用选择的颜色来填充,继续在该组中单击"形状轮廓"按钮,在打开的下拉列表中选择"粗细"选项,在打开的子列表中选择"4.5磅"选项,如图3-26所示。

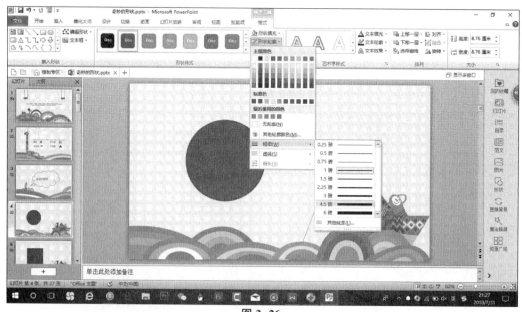

图3-26

(5)完成形状的设置。

(6)在第5张、第6张、第7张幻灯片中分别插入正方形、长方形和三角形。根据圆形的设置完成其他形状的设置，如图 3-27 所示。

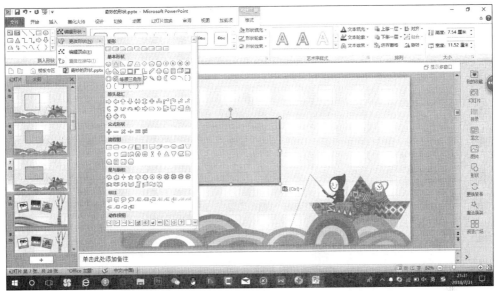

图 3-27

任务 2　插入并编辑图片

为了使幻灯片的内容更加丰富，在表述一些文字的作用和目的时更加直观，通常需要在幻灯片中插入相应的图片。

【任务实施】

（1）选择第 8 张幻灯片，选择第一个矩形文本框，在"插入"选项卡的"插图"组中单击"图片"按钮，如图 3-28 所示。

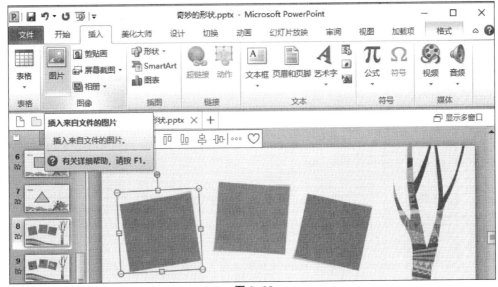

图 3-28

（2）打开"插入图片"对话框，在其中选择"苹果.png"图片，然后单击确定按钮，如图3-29所示。

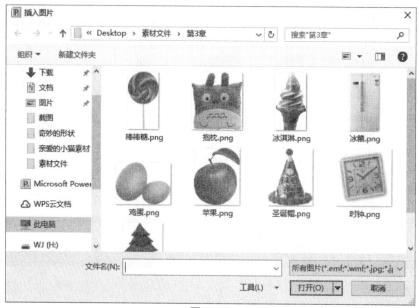

图 3-29

（3）此时将图片插入幻灯片，调整图片的大小和方向。按住 Shift 键保持图片的变形，如图3-30所示。

图 3-30

(4) 在插入的图片下方填入文字信息。

(5) 重复第 1~4 步骤，为其他矩形文本框插入图片，如图 3-31 所示。

图 3-31

任务 3　插入并编辑媒体文件

在幻灯片上可以添加各种多媒体对象，如声音、影片等，使幻灯片"声情并茂"。下面在"奇妙的形状"演示文稿中插入媒体文件，具体操作步骤如下。

【任务实施】

(1) 选择第 1 张幻灯片，在"插入"选项卡的"媒体"组中单击"音频"按钮，在打开的下拉列表中选择"文件中的音频"选项，如图 3-32 所示。

(2) 打开"插入音频"对话框，在其中选择提供的声音文件，然后单击插入按钮，如图 3-33 所示。

(3) 此时幻灯片中将显示一个声音图标，同时打开提示播放的控制条，单击按钮即可预览插入的声音，如图 3-34 所示。

(4) 在"播放"选项卡的"编辑"组中单击"剪裁声音"按钮，打开"剪裁音频"对话框，在其中单击按钮试听声音，拖动两侧的标尺确认剪裁范围，单击确定按钮完成剪裁，如图 3-35 所示。

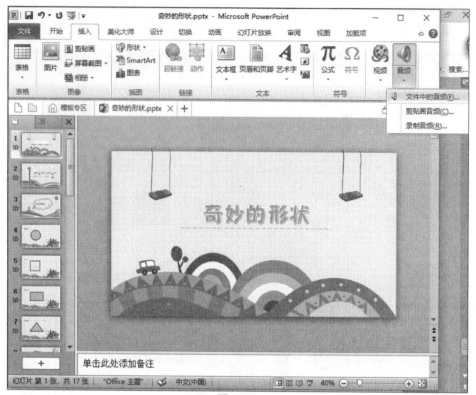

图 3-32

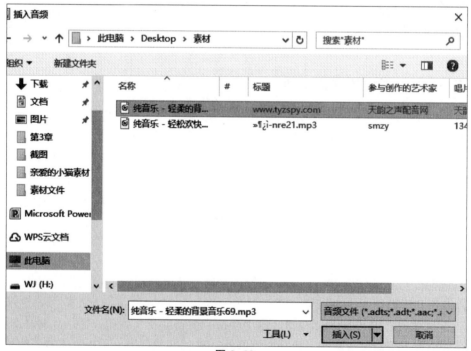

图 3-33

图 3-34

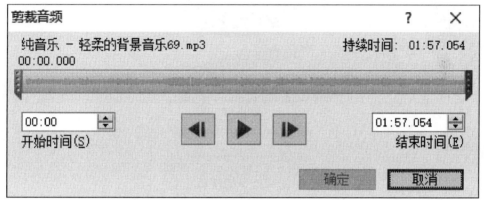

图 3-35

（5）在"编辑"组的"淡入"和"淡出"数值框中单击按钮，调整淡入淡出效果，如图 3-36 所示。

（6）在"音频选项"组中的"开始"下拉列表中选择"跨幻灯片播放"选项，单击选中"循环播放，直到停止"复选框，如图 3-37 所示。

图 3-36

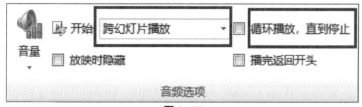

图 3-37

（7）设置完成后保存。

（8）步骤同第 1~7 步，在第 12 张幻灯片中插入视频，如图 3-38 所示。

图 3-38

【拓展学习】

图片处理的技巧

技巧一：裁剪

裁剪可以保留图片选定内容，在 PowerPoint 中选定原图片，单击"图片工具"菜单最右侧的"裁剪"按钮，如图 3-39 所示，图片四周出现黑色框线，拖动框线，选择图片要保留的部分，如图 3-40 所示，单击空白处完成图片裁剪。

图 3-39

另外，单击"裁剪"按钮下的箭头，在弹出的菜单中，可以进行多种方式的裁剪：①将图片裁剪为各种形状；②控制裁剪的纵横比，如图 3-41 所示，效果如图 3-42 所示。

裁剪后的图片可以添加边框、使用其他效果或者使用图片样式增加图片显示效果，如图 3-43 所示，效果如图 3-44 所示。

图 3-40

图 3-41

图 3-42

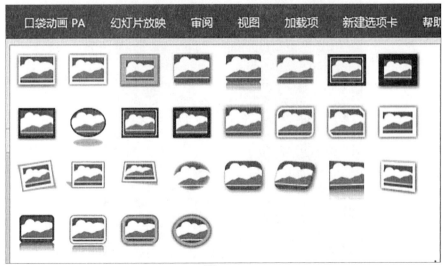

图 3-43

图 3-44

技巧二：抠图

（1）使用删除背景工具进行抠图，如图 3-45 所示。

图 3-45

图 3-46

在"背景消除"菜单中，使用"标记要保留的区域""标记要删除的区域""删除标记"三个按钮将要保留的区域和要删除的区域标记出来，确认后单击"保留更改"完成抠图，如图 3-46、图 3-47、图 3-48 所示。

图 3-47

图 3-48

（2）使用"设置透明色"命令进行抠图，如图 3-49 所示。

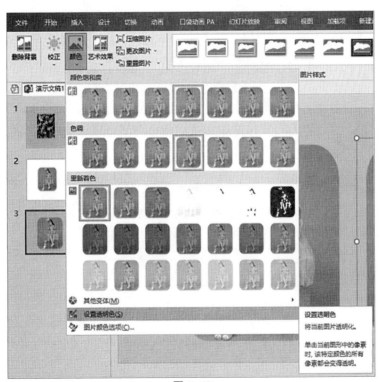

图 3-49

"图片工具"菜单左侧"颜色"菜单下的"设置透明色"命令，可以将图片中的一种颜色设置为透明色，对于背景颜色均一的图片，选中工具然后在图片背景处单击，如图 3-50 所示。

图 3-50

3.3 设置"小白兔"课件动画

为演示型课件设置动画可以使课件内容更加生动形象,PowerPoint 中可以为幻灯片中的内容添加播放动画,也可以为幻灯片添加切换动画。本节将通过设置"小白兔"课件动画来具体讲解在 PowerPoint 中设置动画的操作方法。

任务 1 设置对象动画

设置对象动画是指对幻灯片内的对象添加各种动画,控制对象的出现顺序和出现方式,突出重点并增加演示的趣味性。

【任务实施】

1. 设置简单动画

(1) 打开"小白兔"课件,选择第 3 张幻灯片,在其中选择小仙女、花朵等对象,在"动画"选项卡的"动画"组中单击"动画样式"按钮,在打开的下拉列表中选择"缩放",如图 3-51 所示。

(2) 在"计时"组的"开始"下拉列表中选择"与上一动画同时"选项,如图 3-52 所示。

(3) 选择右侧的矩形对象,在"动画样式"列表框中选择"缩放"选项,单击"效果选项"按钮,在打开的下拉列表中选择"幻灯片中心"选项,如图 3-53 所示。

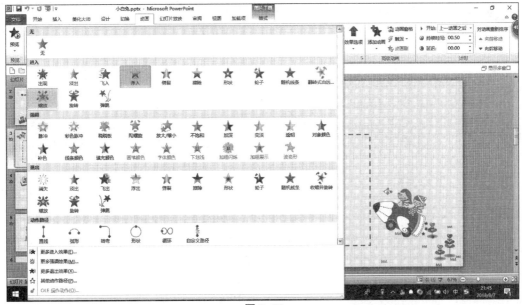

图 3-51

(4) 选择"小白兔"文本所在的文本框,在"动画"组中单击"动画样式"按钮,在打开的下拉列表中选择"更多进入效果"选项,打开"更改进入效果"对话框,在其中选择"升起"选项,单击"确定"按钮,如图 3-54 所示。

图 3-52

图 3-53

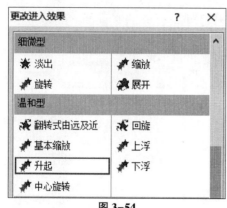

图 3-54

（5）选择文字外蓝色线框，在"动画样式"列表框中选择"飞入"选项，单击"效果选项"下拉按钮，在打开的下拉列表中选择"自左下部"选项。

（6）选择歌词，使用相同的方法为其添加"升起"动画。

（7）在"动画"组中单击"预览"按钮 。

（8）选择第 4 张幻灯片，在其中选择两个图案对象，然后为其添加"浮入"动画效果。

（9）选择"小白兔"文本框，为其添加"浮入"动画效果。然后选择第 1 行的"简谱"文本框，为其添加"展开"动画，在"动画窗格"任务窗格中选择添加的动画，如图 3-55 所示。在其上单击鼠标右键，在弹出的快捷菜单中选择"效果选项"命令，如图 3-56 所示。

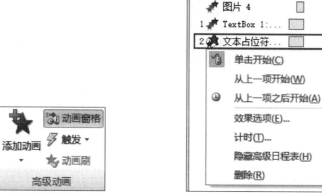

图 3-55　　　　　图 3-56

（10）打开"展开"对话框，在"动画文本"下拉列表框中选择"按字母"选项，然后单击"确定"按钮，如图 3-57 所示。

（11）在幻灯片中选择第 1 行的简谱文本框，在"高级动画"组中单击"动画刷"按钮，如图 3-58 所示，然后在幻灯片中单击第 2 行的简谱文本框，复制动画效果。

（12）使用相同的方法为另外两行简谱文本框复制动画效果。

（13）在"动画"组中单击"预览"按钮 。

（14）选择第 5 张幻灯片，选择"小白兔"文本框，添加"弹跳"动画，然后选择下方的直线，添加"飞入"动画，在"效果选项"下拉列表中选择"自左侧"选项。

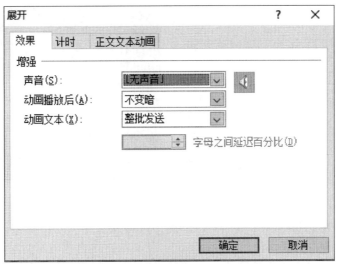

图 3-57

(15) 拖动鼠标选择下方文本框中的第一行内容，为其添加"缩放"动画效果，然后依次为下方每一行内容添加"缩放"动画效果。

(16) 选择第 6 张幻灯片，分别选择其中的图片对象，设置"翻转式由远及近""弹跳""跷跷板"动画。

图 3-58

(17) 在"动画窗格"任务窗格中选择添加的所有动画，在"计时"组中的"开始"下拉列表中选择"与上一动画同时"选项。

2. 设置路径动画

用户可以根据需要设置动画的播放路径，使对象沿着制定的路径运动，下面为"小白兔"课件添加路径动画，具体操作步骤如下。

(1) 选择第 7 张幻灯片，在其中选择"小仙女"图形，在"添加动画"下拉列表中选择"自定义路径"选项，如图 3-59 所示。此时鼠标指针将变为十字光标形状，在幻灯片中拖动鼠标绘制路径。绘制完成后释放鼠标，然后单击 Enter 键结束路径，单击"预览"按钮观看效果，如图 3-60 所示。

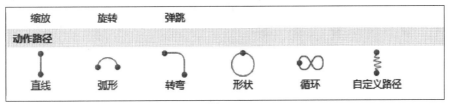

图 3-59

(2) 选择插入的图片，在"动画"组中单击"动画样式"按钮，在打开列表中的"动作路径"栏中选择"直线"选项。

(3) 此时，PowerPoint 将自动为选择的图片添加一个自上而下的直线路径动画，如图 3-61 所示。

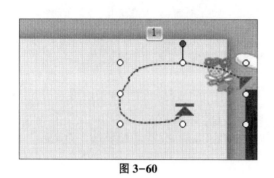
图 3-60

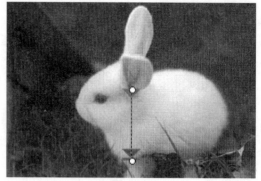
图 3-61

（4）将鼠标移动到直线路径结束处，当鼠标指针变为双三角形状后，按住鼠标左键不放向左上角拖动，调整直线路径的长度和方向，使其以直线方式由右向左运动。

（5）选择添加路径动画后的图片，在"计时"组中的"开始"下拉列表中选择"上一动画之后"选项。

（6）使用同样的方法为其他图片添加效果。

任务 2　设置课件切换动画

PowerPoint 中，可以为幻灯片设置切换动画。切换动画指在放映幻灯片时，一张幻灯片从屏幕上消失，另一张幻灯片显示在屏幕上的一种动画。

【任务实施】

（1）选择第 4 张幻灯片，单击"切换"选项卡，在"切换到此幻灯片"组中单击"其他"按钮，在打开的列表框中选择"推进"选项，如图 3-62 所示。

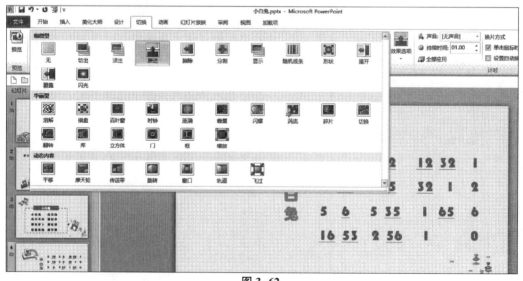
图 3-62

(2)在"计时"组的"开始"下拉列表中选择"风铃"选项,选择"切换动画声音",如图 3-63 所示。

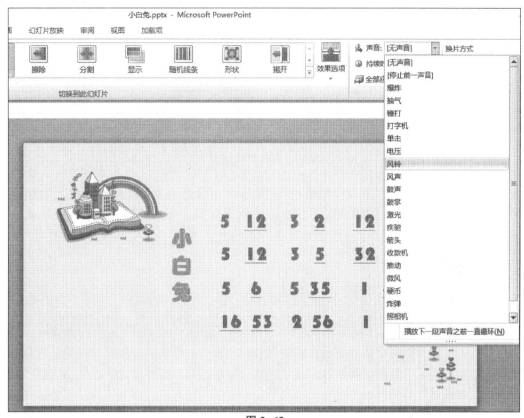

图 3-63

(3)在"计时"组中单击"全部应用"按钮,即可将全部幻灯片都应用设置的切换动画。

你知道吗?

> 大国工匠事例——胡双钱:精益求精 匠心筑梦
> "学技术是其次,学做人是首位,干活要凭良心。"胡双钱喜欢把这句话挂在嘴边,这也是他技工生涯的注脚。
> 胡双钱是上海飞机制造有限公司的高级技师,一位坚守航空事业35年、加工数十万飞机零件无一差错的普通钳工。对质量的坚守,已经是融入血液的习惯。他心里清楚,一次差错可能就意味着无可估量的损失甚至以生命为代价。他用自己总结归纳的"对比复查法"和"反向验证法",在飞机零件制造岗位上创造了35年零差错的纪录,连续十二年被公司评为"质量信得过岗位",并授予产品免检荣誉证书。
> 不仅无差错,还特别能攻坚。在ARJ21新支线飞机项目和大型客机项目的研制和试飞阶段,设计定型及各项试验的过程中会产生许多特制件,这些零件无法进行大批量、规模化生产,钳工是进行零件加工最直接的手段。胡双钱几十年的积累和沉淀开始发挥作用。

他攻坚克难，创新工作方法，圆满完成了 ARJ21—700 飞机起落架钛合金作动筒接头特制件制孔、C919 大型客机项目平尾零件制孔等各种特制件的加工工作。胡双钱先后获得全国五一劳动奖章、全国劳动模范、全国道德模范称号。

　　一定要把我们自己的装备制造业搞上去，一定要把大飞机搞上去。已经 55 岁的胡双钱现在最大的愿望是：“最好再干 10 年、20 年，为中国大飞机多做一点。"

选自《大国工匠事例》

议一议

　　一个 PPT 课件可能包含几张、十几张甚至几十张幻灯片。每张幻灯片涉及文字、声音、背景、主体、色彩、构图、动画等多个元素，如何运用这些元素清晰地表达教学意图，需要综合考虑学生特点、认知规律、页面审美等内容，所以，制作一个好的课件必须要精心设计、仔细斟酌、认真制作、反复试用、反复修改，需要一个精益求精的过程！因此，有人说制作课件也需要工匠精神，对于这一说法你是怎么理解的？请结合你的制作体验说一说。

【拓展知识】

动画制作的技巧

　　技巧一：首先需要完全掌握演示文稿中自带的所有动画样式的功能，最好验证所有不同动画样式的效果，了解各种动画的效果选项；然后在制作动画时尽量先考虑使用这些已有的动画样式，如果这些动画样式不能直接实现所需的效果，那么再考虑如何通过组合这些动画样式来实现。

　　技巧二：制作的动画一定要醒目，只有突出和炫目的动画才能赢得学生的注意。

　　技巧三：幻灯片动画的节奏应该设计得比较快，最好不用缓慢的动作，同时一个精彩的动画往往是具有一定规模的创意动画，因此制作前最好先设计好动画的框架与创意，再去逐步实施。

【课后思考题】

　　（1）如何将幻灯片设置成循环放映？

　　（2）PowerPoint 可以导入 Flash 动画吗？

　　（3）幻灯片中能否设置页眉和页脚？

　　（4）除了在"幻灯片大纲视图"下可以调整幻灯片的顺序外，还可以在哪里调整幻灯片的顺序？

第四模块

动画型课件制作

【概述】

动画深受幼儿喜爱,因此动画型课件在幼儿教学中运用得十分广泛,Flash CS6 是常用的二维动画制作软件,其操作简单,功能强大,本模块主要讲述了 Flash CS6 软件的常用功能,主要包括绘制与编辑图形、制作逐帧动画、制作传统补间动画、制作形状补间动画、制作引导层动画五个内容,在每一个内容中都包含了一个典型任务,通过任务的形式讲述了动画的具体实现方式、方法,希望通过这些典型任务和实例能给大家在幼儿课件制作上带来一些启发。

【内容导图】

4.1 初识 Flash CS6

【学习目标】

(1) 了解 Flash 动画的发展、原理、特点及应用领域。
(2) 认识 Flash CS6 软件的工作界面,掌握界面各组成部分的功能。
(3) 能创建简单的 Flash 文档。

任务1　欣赏 Flash 动画作品

上网搜索 Flash 动画作品，感受它无穷的魅力及广泛的应用领域，体会 Flash 强大的功能和小成本制作的卓越优势。

【知识与技能】

1. 常见的 Flash 文件种类

（1）源文件（*.fla），只有在 Flash 软件中才可以打开，并能再次进行编辑、修改。

（2）动画文件（*.swf），是 Flash 的一种发布格式，是一个独立的影片文件，但无法被再次编辑。

2. Flash 的产生与发展

Flash 是一款非常优秀的交互式二维矢量动画制作软件，它可以将音乐、视频、动画及富有创意的布局融合在一起，制作出高品质的二维动画作品。

Flash 的前身是 Future Splash，它是为了完善 Macromedia 公司的拳头产品 Director 而开发的一款用于网络发布的插件，它的出现改变了 Director 在网络上运行缓慢的局面。1996 年，原开发公司被 Macromedia 公司收购，其核心产品也被正式更名为 Flash，并相继推出了 Flash1.0、Flash2.0、Flash3.0、Flash4.0、Flash5.0、Flash MX 2004、Flash8。2005 年，Macromedia 公司被 Adobe 公司收购，之后相继推出了 Flash CS3、Flash CS4、Flash CS5、Flash CS6。

Adobe 公司把 Flash 与其他产品紧密地联系到一起。目前 Flash 播放器已被植入各种主流网页浏览器，随意打开一个网页，就会发现 Flash 动画。从标识到广告短片，甚至整个网站的制作，几乎都可以看到 Flash 的身影，可以说 Flash 以其独特的魅力，影响着人们对网络的认识。

由于 Flash 强大的影响力并被广泛应用，使得它日益完善并成为交互式矢量动画的标准。

3. Flash 动画的原理

动画形成原理是源于人眼的"视觉暂留"特性。所谓"视觉暂留"就是在人眼看到一个物体后，即使该物体快速消失，也还是会在眼中留下一定时间的持续影像。动画就是将多幅静止画面连续播放，利用"视觉暂留"形成连续影像，让我们感觉到图片中的物体在运动，于是产生了动画。

【拓展知识】

物体在大脑视觉神经中停留的时间约为 1/24 秒。如果每秒更替 24 幅或 24 幅以上的画面，就会形成连续的动画，所以动画播放的标准速度是每秒 24 幅画面，动画播放速度的单位是 fps，f 是英文单词 frame（画面、帧），p 是 per（每），s 是 second（秒），用中文表达就是"帧每秒"，或每秒多少帧。如 24fps 通常简称 24 帧/秒。

计算机动画分为逐帧动画和补间动画。帧是动画的基本单位，每帧的内容不同，当连续播放时就形成了动画。制作逐帧动画的工作量很大，主要用于传统动画制作、广告片制作以及电影特技制作等方面。补间动画的原理是在两个有变化的帧之间创建动画，而不需要将每一帧都进行绘制。Flash CS6 是目前使用最广泛的矢量动画制作软件之一。

【拓展知识】

矢量图与位图：

矢量图使用直线和曲线来描述图形，这些图形的元素是点和线，它们都是通过数学公式计算获得的。矢量图的特点是放大后图像不会失真，和分辨率无关，文件占用空间较小。

位图是由像素组成的。放大位图时，可以看见构成整个图像的方块，即像素。位图的质量由分辨率决定，单位面积内的像素越多，分辨率越高，图像的效果越好。位图可以表现更加丰富的层次及色阶，但文件占用空间大。

4. Flash 动画的特点

（1）矢量绘图，体积小，品质高。

Flash 动画的图形系统是基于矢量技术的，只需存储少量数据就可以描述一个相对复杂的对象，与位图相比，数据量仅占其千分之一，有效解决了网络中多媒体与大数据之间的矛盾。此外，矢量图可以无限放大，不会失真。

（2）使用"流媒体技术"，适合网上传播。

SWF 是一种流式动画格式，Flash 影片（*.swf）可以在动画文件全部下载完之前播放已经下载的部分，这样用户可以边下载边观看，大大缩短了下载等待时间。

（3）强大的交互功能。

Flash CS6 使用 ActionScript3.0 作为编程工具，还有可以快速创建互动控制物体等各种交互式组件，Flash 还支持表单交互，被广泛应用于电子商务领域的网站中，甚至还可以开发一个功能完备的虚拟社区。

（4）丰富的动画输出格式。

Flash CS6 是一款优秀的图形动画文件的格式转换工具，它可以将动画以 SWF、AI、GIF、QuickTime 和 AVI 等多种文件格式输出，也可以帧的形式将动画插入其他视频作品。Flash 动画不仅可以在网络上播放，同时还可以在电视或电影中播放。这种跨媒体特性大大拓展了它的应用领域。

（5）可扩展性。

通过第三方开发的 Flash 插件程序，可以方便地实现一些以往需要非常烦琐的操作才能实现的动态效果，大大提高了创作 Flash 影片的工作效率。

5. Flash 动画的应用领域

Flash 动画以其精巧的身姿、绚丽的画面，畅游于网络世界，其互动内容已经成为创造网页活力的标志。目前，Flash 技术已广泛应用于音乐、广告、传媒、游戏等众多领域。

【任务实施】

1. 欣赏 Flash 动画

（1）输入相关网址，欣赏精美的 Flash 作品。

（2）输入相关网址，欣赏 Flash 动画短片、音乐、MV 等。

（3）输入相关网址，进入 Flash 互动游戏世界。

（4）输入相关网址，分享精品课件。

(5)输入相关网址,下载 Flash 素材。

2. 酷站漫游

安装 Flash 播放器,上网搜索你喜欢的 Flash 动画作品并记录网站地址,如闪吧(http://www.flash8.net)、闪秀(http://www.flash34.com)、儿童 Flash 网站(http://www.61flash.com)、小破孩官方网站(http://www.pobaby.net)等,与大家分享。

【拓展学习】

网上有很多"闪客"的 Flash 作品,下载自己喜欢的作品分类保存并记录你最欣赏的 3 个 Flash 文件的相关信息,填在表 4-1 中。

表 4-1

文件名或主题	类型	文件大小	播放时间	作品特点

任务 2　创建一个简单的 Flash 文档

初识 Flash 工作界面

【知识与技能】

1. 认识 Flash CS6 的工作界面

(1)启动 Flash CS6,我们首先看到的是如图 4-1 所示的开始页,从这里可以选择从哪个项目开始工作。

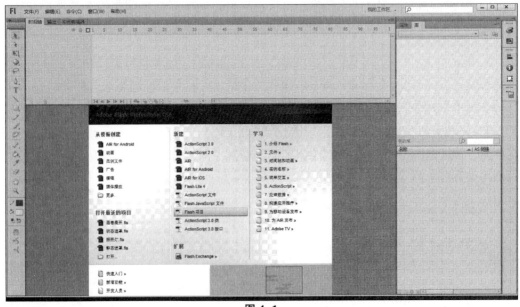

图 4-1

开始页分三栏：

①从模板创建：列出了创建文档的常用模板类型，从中选择一种模式，就可以快速按模板格式创建 Flash 文档。该栏下方"打开最近的项目"区中可以查看和打开最近使用过的文档。

②新建：在 Flash CS6 中可以创建的文档很多，如创建支持 ActionScript3.0 的动画文档。在该栏下方"扩展"区用于链接到 Flash Exchange 网站，在该网站中可以下载助手应用程序、扩展功能及相关信息。

③学习：提供了 11 个关于 Flash CS6 的学习项目，选择其中一个项目，即可进入 Adobe 官方网站进行交互式学习。

（2）在"新建"区选择"ActionScript3.0"或"ActionScript2.0"，进入 Flash CS6 的工作界面，如图 4-2 所示。

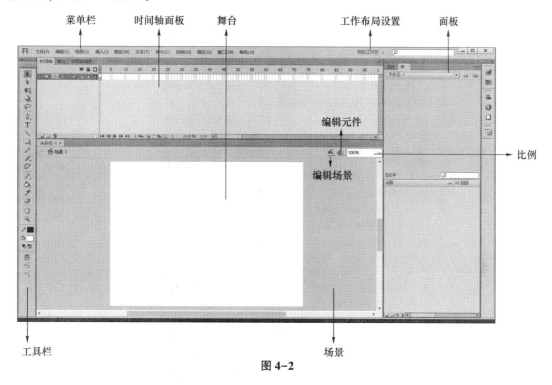

图 4-2

①菜单栏。共有 11 组菜单命令，如图 4-3 所示。这些菜单包含了 Flash 的大部分操作命令。

图 4-3

"文件"菜单：用于文件操作，如创建、打开、保存等。

"编辑"菜单：用于基本的编辑操作，如动画元素的复制、粘贴等。

"视图"菜单：用于对环境外观和版式的设置，如放大场景、缩小场景等。

"插入"菜单：用于插入不同性质元素的操作，如插入场景、图层、关键帧等。

"修改"菜单：用于修改动画中对象的属性，如元件、时间轴、场景等。
"文本"菜单：用于设置文本属性，如字体、大小、颜色等。
"命令"菜单：用于命令的管理，可以删除已保存的命令或通过添加命令来扩充菜单，如管理保存的命令等。
"控制"菜单：用于动画的播放、测试和控制。
"调试"菜单：用于调试动画，如调试影片。
"窗口"菜单：用于窗口的操作，如打开、切换窗口。
"帮助"菜单：提供一些 Flash 操作的相关帮助。

②工作布局设置。在菜单栏的右方，默认工作布局为"基本功能"，如想切换，则可以单击右侧的下拉三角进行选择。

③工具栏。也称工具面板，它提供了各种用于图形绘制和编辑的工具，如图 4-4 所示。利用这些工具可以绘制图形、创建文字、填充颜色等。

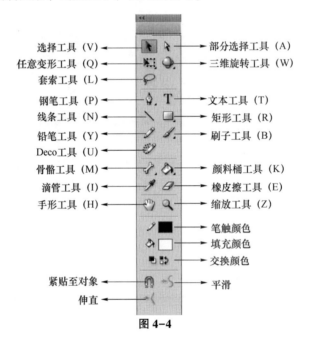

图 4-4

工具栏按功能可分为 6 个部分：选取工具、绘图工具、颜色工具、查看工具、颜色设置区域、选项区域。要打开或关闭工具栏，可选择"窗口"菜单中的"工具"命令。

④"时间轴"面板。用于组织和控制文档内容在一定时间内播放的图层和帧数。"时间轴"面板分为两个部分：图层和时间轴，如图 4-5 所示。利用"时间轴"面板左下角的三个图标依次可以新建图层、新建文件夹、删除图层或文件夹，鼠标左键双击"图层 1"可以重新命名，单击眼睛图标下方可以显示或隐藏该图层内容，单击锁头图标下方可以锁定或解锁该图层。

⑤舞台和场景。在动画编辑窗口中，整个编辑区域称为场景，我们可以在整个场景中进行图形的绘制和编辑工作。如图 4-2 所示的白色区域称为舞台，我们所编辑的动画仅显示在舞台中的内容，超出舞台的内容输出时是不显示的。在场景的右上角有两个按钮，分别为"编辑场景"和"编辑元件"。此外，还可以通过选择"比例"的值改变舞台的显示比例，如图 4-2 所示。一个动画可以有多个场景，单击场景选项卡可以切换到不同场景中。

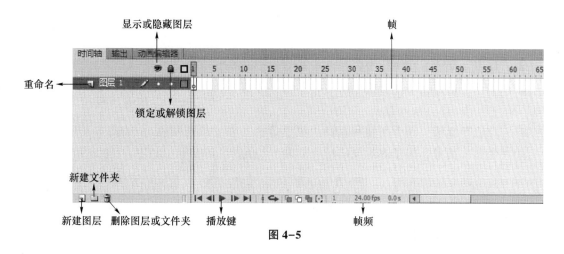

图 4-5

2. 调整工作界面布局

Flash CS6 包括多种可以折叠、移动和任意组合的面板,在制作动画的过程中,有时会因为制作的需要或用户的习惯,在某种工作布局的基础上对工作界面进行更改,这时就涉及面板的操作。除了默认工作界面中显示的"属性"和"库"面板外,用户可以任意增加、删除、组合其他面板。在"窗口"菜单中单击某面板命令即可打开该面板,打开的面板命令前面标记"√"。

常用面板功能介绍:

①"属性"面板:用于设置当前选定对象的基本属性。选定对象不同,"属性"面板上出现的设置选项将会不同,如图 4-6 所示。

②"库"面板:用于存储用户创建或导入的媒体资源,以及包含已添加到文档的组件,如图 4-7 所示。

图 4-6

图 4-7

③"动画预设"面板：是一种预先配置好的补间动画，可以直接将它们应用于舞台上的对象。

④"行为"面板：用于在不编写 ActionScript 代码的情况下为动画添加交互性效果。

⑤"对齐"面板：用于调整选定的一个或多个对象的对齐方式和分布方式，如图 4-8 所示。

⑥"颜色"面板：用于创建和编辑"笔触颜色"和"填充颜色"，如图 4-9 所示。

⑦"变形"面板：用于对对象进行"旋转""倾斜"等变形，如图 4-10 所示。

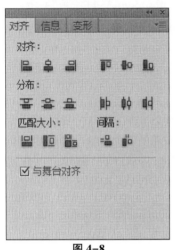
图 4-8

图 4-9

图 4-10

【任务实施】

（1）在 Flash CS6 工作界面选择"文件"→"新建"命令。

（2）在"新建文档"对话框中，默认选择文件类型"ActionScript3.0"，单击"确定"按钮。

（3）选择"我的工作区"工作布局。

（4）单击用户界面右上角的"属性"面板，查看该文件的舞台属性。

（5）在"属性"面板中，设置当前舞台的大小为 500 像素×500 像素，背景色设置为白色，单击色板可以选择其他颜色，即可更改舞台颜色。

（6）选择"文件"→"导入"→"导入到舞台"命令，导入"太阳.gif"文件。

小提示：除了可以导入图片，还可以导入音频、视频、动画等文件。

（7）选择"文件"→"另存为"命令，命名为"太阳"，这样就会产生一个 Flash 源文件"太阳.fla"。

（8）单击"控制"→"测试影片"→"测试"命令或按快捷键 Ctrl+Enter，在 Flash 播放器中查看影片的实际效果，同时在源文件"太阳.fla"所在目录，生成同名影片文件"太阳.swf"。

小提示：在制作 Flash 动画的过程中，可以单击"控制"→"播放"命令或按 Enter

键，随时在舞台上查看制作效果。

如果想改变 Flash 影片的输出格式，则可以单击"文件"→"发布设置"命令，在"格式"选项卡中勾选所需的格式，然后单击"文件"→"发布"命令。同样会在源文件"太阳.fla"所在目录中产生同名的所选格式文件。

除了可以输出 Flash 影片（*.swf）外，还可以输出图像、放映文件（*.exe）、html 文件等。

（9）若想打开源文件，则可单击"文件"→"打开"命令，选择"太阳.fla"。

【拓展学习】

新建 Flash 文档时，在"模板"的"动画"类型中，可以看到很多的文件模板，如"补间动画的动画遮罩层""补间形状的动画遮罩层""关键帧之间的缓动"，还有"雪景脚本"和"雨景脚本"等。

在"模板"的"范例文件"类型中，提供了"AIR 窗口范例""菜单范例""切换按钮范例""日期倒计时范例""自定义鼠标光标范例""嘴形同步"等。

此外，在"模板"中还有"广告""横幅""媒体播放""演示文稿"等类型。其中，"高级相册""简单相册""简单演示文档""高级演示文档"等模板，为学习者提供了快速上手制作专业 Flash 作品的可能。

4.2 绘制与编辑图形

【学习目标】

（1）了解常用绘图工具的功能。
（2）掌握利用绘图工具绘制简单图形的方法。
（3）初步运用绘图工具来进行创作。
（4）通过绘制面具激发学生的创新意识。

任务　绘制孙悟空面具

【知识与技能】

1. 绘图工具

（1）绘图工具存放在工具栏的中部，如图 4-11 所示，从上至下依次是钢笔工具、文本工具、线条工具、矩形工具、铅笔工具、刷子工具、Deco 工具。

（2）绘图工具按功能可以分为以下四类：
①线条工具：用于绘制任意角度的直线。
②铅笔工具：用于绘制简单的任意形状的线条。

图 4-11

③钢笔工具：用于绘制直线和曲线，还可调整曲线的曲率。

④椭圆工具、矩形工具和多角星形工具：用于绘制各种几何图形。

2. 常用绘图工具的使用

（1）钢笔工具。

单击钢笔工具，这时在窗口右侧的"属性"面板中会显示出它的相应属性，如图 4-12 所示。单击钢笔工具右下角的按钮，打开下拉列表，可以选择其他相关工具，如图 4-13 所示。在工具栏下方的选项区域中，会显示钢笔工具的两个选项："对象绘制"和"紧贴至对象"，如图 4-14 所示。先选取钢笔工具，再设置属性值，最后进行自由绘图即可。

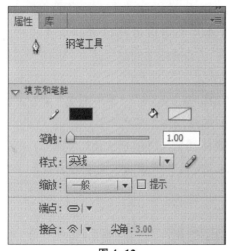

图 4-12

图 4-13

图 4-14

钢笔工具绘制直线的方法：将鼠标指针移至舞台上直线的起点位置并单击，可指定所绘制直线的起点，然后在终点位置单击，即可绘制一条直线段。当结束直线的绘制时，可根据情况执行相应的操作：绘制一条开放路径，可在最后一个节点的位置双击，或单击工具栏中的钢笔工具按钮，还可以按住 Ctrl 键在路径外的任意位置单击。绘制一条闭合路径，可将钢笔工具指针放置到第一个节点上，当靠近钢笔尖的位置出现一个小圆圈时，单击或拖动鼠标即可闭合路径。

钢笔工具绘制曲线的方法：将鼠标指针移至开始曲线的位置，并按下鼠标左键，此时舞台上将出现第一个节点，并且钢笔尖将变为箭头形状，向想要绘制曲线段的方向拖动鼠标，将会出现曲线的切线手柄，结束时释放鼠标，将指针放在结束位置，其余与直线的结束方法相同。

（2）线条工具。

线条工具用于绘制直线。单击线条工具，在右侧的"属性"面板中可以看到它的属性，如图 4-15 所示。先选取线条工具，然后在"属性"面板中设置属性值，再绘制任意粗细的线条。

（3）铅笔工具。

铅笔工具用于绘制各种线条，属性和操作方法与线条工具类似。单击铅笔工具，在右侧的"属性"面板中可以看到它的属性，如图 4-16 所示。

图 4-15

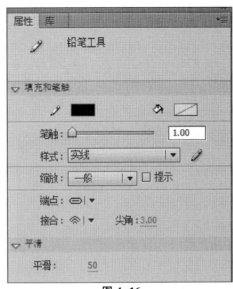

图 4-16

（4）矩形工具。

矩形工具用于绘制矩形、椭圆和多角星形。单击矩形工具，在右侧的"属性"面板中可以看到它的属性，如图 4-17 所示。单击矩形工具右下角的黑色三角按钮，打开下拉列表，可以选择其他相关工具，如图 4-18 所示。先选取矩形工具（也可选取椭圆工具、多角星形工具等），然后在"属性"面板中设置属性值，再绘制任意大小的图形。

图 4-17

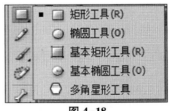

图 4-18

(5) Deco 工具。

Deco 工具用于绘制大量相同元素的矢量色块或复杂动画。单击 Deco 工具，在右侧的"属性"面板中可以看到它的属性，如图 4-19 所示。在"属性"面板的绘制效果中选取"花刷子"，再在高级选项中选取"玫瑰"，如图 4-20 所示。然后在舞台单击鼠标左键绘制（如图 4-21 舞台左侧所示）或拖动鼠标左键绘制（如图 4-21 舞台右侧所示），鼠标多停留一会儿，花朵就会茂密些。

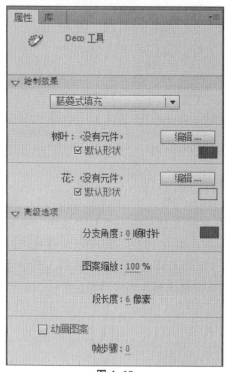

图 4-19

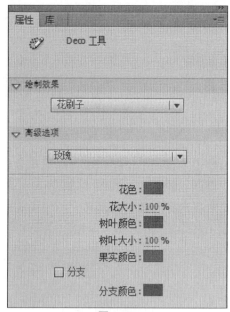

图 4-20

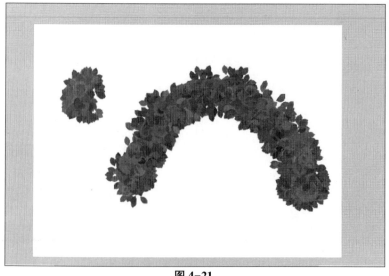

图 4-21

还可以利用其他填充方式，绘制相应样式的矢量色块或动画效果，如图 4-22 所示。

3. 图层的基本操作

（1）图层：图层就像透明的玻璃片一样，在舞台上一层层地向上叠加。在创建了一个新的 Flash 文档之后，它仅包含一个图层，可以添加更多的图层，以便在文档中组织插图、动画和其他元素。我们可以隐藏、锁定图层。

（2）新建图层：单击"时间轴"面板左下方的"新建图层"按钮，如图 4-23 所示，可在选中的图层上方添加一个新图层。

（3）删除图层：单击图层窗口右下方的"删除"按钮，如图 4-23 所示，可以删除当前选取的图层。

（4）隐藏或显示图层：单击"时间轴"面板右上方的"显示或隐藏所有图层"按钮下方对应的白色圆点，如图 4-23 所示，就可以隐藏当前图层，再单击一次即可恢复显示该图层。

（5）锁定或解锁图层：单击"时间轴"面板右上方的"锁定或解除锁定所有图层"按钮下方对应的白色圆点，如图 4-23 所示，就可以锁定当前图层，再单击一次即可解除锁定。图层被锁定后，该图层中的所有对象不能被编辑，所以为防止修改一个图层上的对象而影响到其他图层上的对象，我们通常把现在不编辑的图层全部锁定。

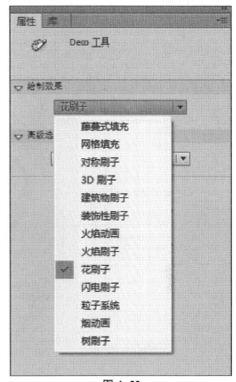

图 4-22

（6）重命名图层：新建一个 Flash 文档之后，它仅包含一个图层，默认名称"图层 1"，双击"图层 1"位置处，重新输入新的名称，按 Enter 键确定完成。

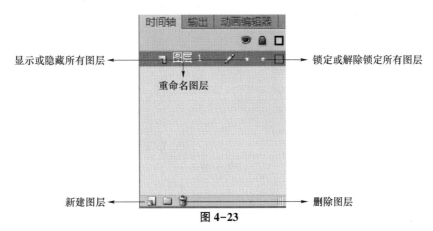

图 4-23

【任务实施】

(1) 利用学过的绘图工具绘制孙悟空面具，如图 4-24 所示。
(2) 新建一个 Flash 文档，默认设置，保存为"孙悟空面具.fla"。
(3) 将图层 1 重命名为"面具"，选取椭圆工具，设置笔触颜色为无笔触，设置填充色为粉色，绘制一个椭圆，如图 4-25 所示。

绘制孙悟空面具

图 4-24

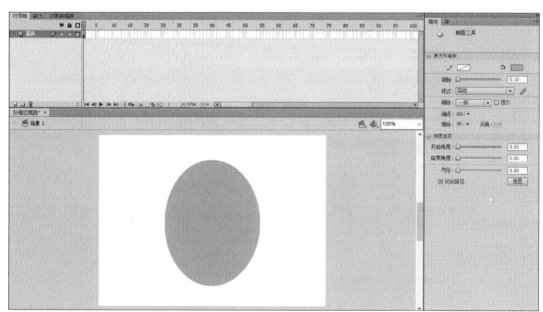

图 4-25

(4) 新建图层 2 并重命名为"上白脸"，选取基本椭圆工具，设置笔触颜色为无笔触，设置填充色为白色，绘制一个大椭圆，如图 4-26 所示。

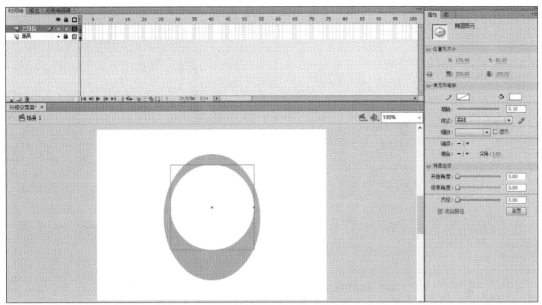

图 4-26

（5）新建图层 3 重命名为"下白脸"，选取基本椭圆工具，设置笔触颜色为无笔触，设置填充色为白色，在大圆的下方绘制一个小圆与其叠加，如图 4-27 所示。

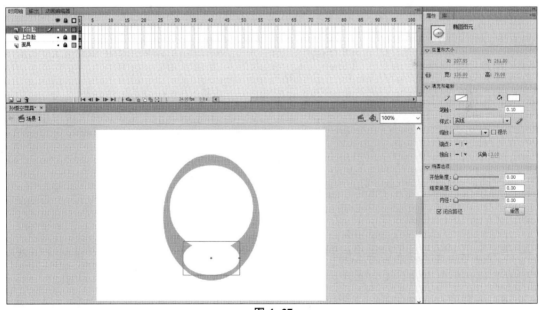

图 4-27

（6）新建图层 4 重命名为"红脸"，选择"视图"菜单→"网格"→"显示网格"/"编辑网格"，把网格的宽和高都设置为 30 像素，网格是为绘制心形做参考线使用的，如图 4-28、图 4-29 所示。

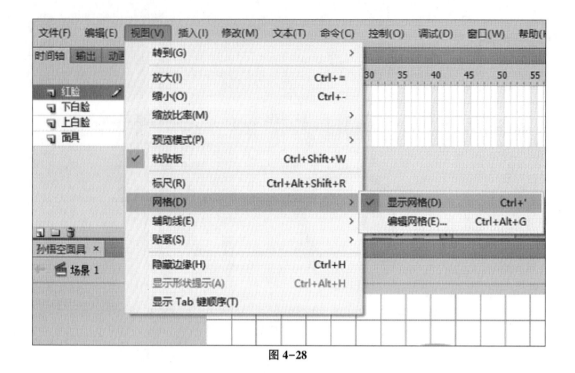

图 4-28

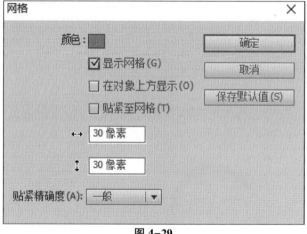

图 4-29

（7）选取钢笔工具，设置笔触颜色为红色，绘制一个心形图案，如图 4-30 所示。再使用选择工具调整上方的直线为弧形，利用颜料桶填充心形为红色，如图 4-31 所示。

（8）新建图层 5 重命名为"眼睛"，选取椭圆工具，设置笔触颜色为无笔触，设置填充色为由黑到黄的径向渐变，参数设置如图 4-32 所示，左、右各绘制一只眼睛，大小要一致，位置要对称，如图 4-33 所示。

（9）新建图层 6 重命名为"嘴"，选取直线工具，设置笔触颜色为灰色，笔触粗细设置为 8.00，绘制一段直线，再使用选择工具拖动直线变为圆弧状，如图 4-34 所示。

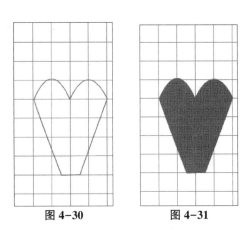 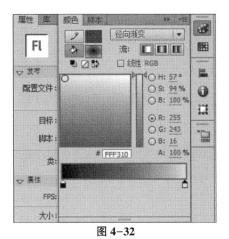

图 4-30　　　　　图 4-31　　　　　图 4-32

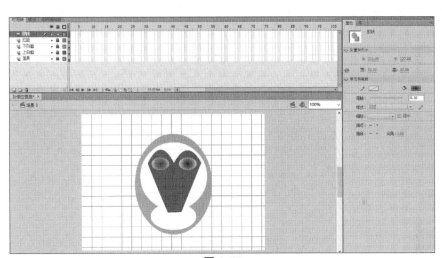

图 4-33

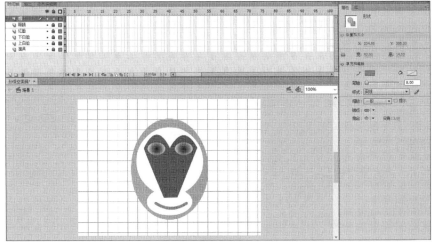

图 4-34

(10) 选择"文件"菜单→"导出"→"导出图像"命令，默认设置，命名，选择保存类型，单击"保存"按钮。

【拓展学习】

请运用绘图工具绘制一款幼儿园小朋友喜欢的面具，并把绘制的面具动手制作出来。

做一做

孙悟空是中国著名的神话人物之一，出自四大名著之一《西游记》，谈起孙悟空，无人不知，无人不晓，尤其深受小朋友的喜欢，他机智、勇敢、能降妖除魔。孙悟空的形象之所以如此受人喜爱，除了其生动的故事之外，还与广大剧作者、画家等人的精心再创作是分不开的。孙悟空在原著中的描写是这样的：长相圆眼睛，查耳朵，满面毛，雷公嘴，面容羸瘦，尖嘴缩腮，身躯像个食松果的猢狲，虽然像人，却比人少腮。而经过剧作家、书画家细心揣摩、设计，努力创作后，从文中走出来的孙悟空更加栩栩如生，惟妙惟肖，精彩传神，给人留下了深刻的印象，如六小龄童在电视剧版的孙悟空。而前面我们所绘制的孙悟空动画形象更加简洁、生动，是源于京剧版的又一次再创作。

中国有着悠久而灿烂的文化，在人类文化史中独树一帜，创作出了许多生动传奇的故事与形象，如孙悟空、花木兰、哪吒、葫芦娃等。

请大家从中国古典文化故事中选择一个场景或形象，利用今天所学的动画绘画技术，充分发挥你的想象力和创作力，绘制一款幼儿园小朋友喜欢的面具。

4.3 制作逐帧动画

【学习目标】

（1）了解帧的概念及种类。
（2）理解逐帧动画的制作原理。
（3）掌握时间轴上各种帧的设置方法。
（4）掌握逐帧动画的制作方法。
（4）初步运用逐帧动画的制作方法进行创作。

任务 制作逐帧动画——小鸡吃虫子

【知识与技能】

1. Flash 中有关帧的知识

（1）帧的概念。

帧，就是动画中最小单位的单幅影像画面，相当于电影胶片上的每一格镜头。一帧就是一幅静止的画面，连续的帧就形成动画，如电视图像等，在 Flash 的时间轴上，帧表现为一格或一个标记。

（2）帧频。

帧频是指每秒钟播放的帧数，通常用 fps（Frames Per Second）表示。每秒钟播放的帧数越多，动画就越流畅，Flash 中新建一个文档后默认的帧频为 24fps。

（3）帧的种类。

①关键帧：是指角色或者物体运动或变化中的关键动作所处的那一帧，以实心黑色圆点表示，如图 4-35 所示。

②空白关键帧：是指在一个关键帧里面什么对象也没有添加，以空心圆点表示，如图 4-35 所示。

③普通帧：时间轴上的一格，矩形，没有内容，但可以显示前面关键帧中的内容，如图 4-35 所示。

④过渡帧：两个关键帧之间的动画可以由系统自动完成，这样两个关键帧之间的帧就是过渡帧。

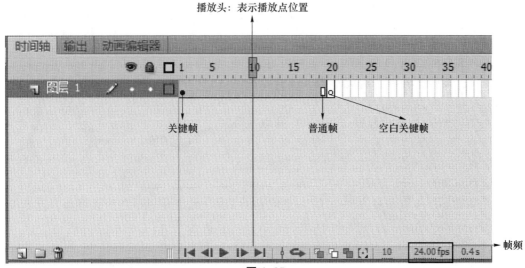

图 4-35

2. Flash 中有关帧的操作

（1）如果希望某一普通帧的内容延续前一关键帧的内容，就在该普通帧上单击鼠标右键，执行"插入帧"命令或按 F5 键，可以显示到该帧。

（2）如果希望某一普通帧的内容延续前一关键帧的内容并在其基础上编辑，就在该普通帧上单击鼠标右键，执行"插入关键帧"命令或按 F6 插入关键帧。

（3）如果希望某一普通帧的内容和前一关键帧的内容完全不同，就在该普通帧上单击鼠标右键，执行"插入空白关键帧"命令或按 F7 键插入空白关键帧，再填充内容。

3. 逐帧动画

（1）逐帧动画的概念：是在连续的关键帧中分解动画动作，也就是在时间轴的每帧上逐帧绘制不同的内容，使其连续播放而成动画。

（2）创建逐帧动画的几种方法。

①用 JPG、PNG 等格式的静态图片连续导入 Flash 中，建立一段逐帧动画。

②在场景中一帧帧地画出帧内容可以绘制矢量逐帧动画。

③用文字做帧中的元件,实现文字跳跃、旋转等特效逐帧动画。

④导入 GIF 序列图像、SWF 动画文件或者利用第三方软件(如 Swishmax、Swift 3D 等)产生的逐帧动画序列。

(3)逐帧动画的特点。

①逐帧动画中每帧的内容不同,制作工作量大并且最终输出的文件量也很大。

②适合于表现很细腻的动画。

【任务实施】

(1)利用逐帧动画的制作方法制作动画"小鸡吃虫子",如图 4-36 所示。

(2)新建一个 Flash 文档,保存为"小鸡吃虫子.fla"。设置舞台大小为 550 像素×400 像素,背景色默认为白色。

(3)将图层 1 重命名为"头",选取椭圆工具,设置笔触颜色为无笔触,设置填充色为黄色,绘制一个椭圆,如图 4-37 所示。

(4)新建图层 2 并重命名为"身体",选取基本椭圆工具,设置笔触颜色为无笔触,设置填充色为黄色,绘制一个大椭圆,如图 4-37 所示。

(5)新建图层 3 重命名为"爪子",选取线条工具,设置笔触颜色为灰色,设置笔触粗细为 8.00,绘制小鸡的两条腿,之后设置笔触粗细为 3.00,绘制小鸡的爪子,如图 4-37 所示。

图 4-36

(6)新建图层 4 重命名为"虫子",选取刷子工具,设置笔触颜色为无笔触,设置填充色为绿色,绘制一条虫子,如图 4-37 所示。

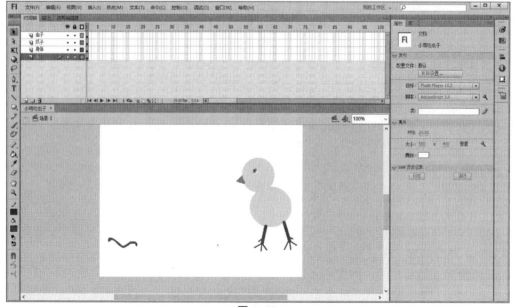

图 4-37

（7）在"虫子"图层的第 16 帧处插入帧，使虫子持续显示到 16 帧。

（8）分别在"头""身体""爪子"3 个图层的第 3、5、7、9、11 帧处设置关键帧，并在每个图层的关键帧处将小鸡的头部、身体、腿和爪子向前逐渐移动位置，保持在同一水平线上移动，如图 4-38 至图 4-42 所示。

图 4-38

图 4-39

图 4-40

图 4-41

图 4-42

（9）分别在"头""身体""爪子"3 个图层的第 14 帧处设置关键帧，调整小鸡的头向下移动，使嘴接触到虫子，同时将小鸡的身体、腿和爪子都向前移动，如图 4-43 所示。

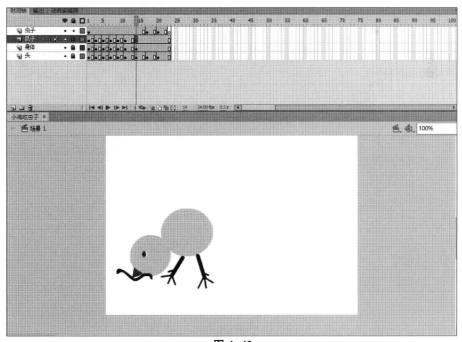

图 4-43

（10）在"头"图层的第 17 帧处设置关键帧，调整小鸡的头向上抬起一点儿，如图 4-44 所示。

图 4-44

（11）在"虫子"图层的第 17 帧处设置关键帧，调整"虫子"的位置到小鸡的嘴边，如图 4-44 所示。

（12）在"头"图层的第 20 帧处设置关键帧，调整小鸡的头再向上抬起一些，如图 4-45所示。

图 4-45

（13）在"虫子"图层的第20帧处设置关键帧，将虫子移动到小鸡的嘴边，再用橡皮擦工具擦除一点儿，使虫子变短，看上去像被吃掉了一半，如图4-45所示。

（14）在"虫子"图层的第24帧处插入帧，并使用橡皮擦工具将虫子全部擦除，如图4-46所示。

（15）分别在"头""身体""爪子"三个图层的第24帧处插入帧，使图层中的画面持续显示到第24帧，如图4-46所示。

图 4-46

（16）所有动画都制作完成后，单击"控制"菜单→"测试影片"→"测试"命令，或按Ctrl+Enter组合键测试动画输出效果，同时在同一目录下自动保存"小鸡吃虫子.swf"影片文件，如图4-47所示。

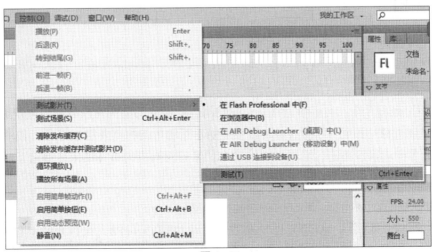

图 4-47

【拓展学习】

请运用逐帧动画的制作方法创作一个辅助幼儿园小班活动的课件，题目及内容自拟。

4.4 制作传统补间动画

【学习目标】

(1) 了解传统补间动画的概念。
(2) 理解传统补间动画的制作原理。
(3) 初步掌握元件的创建、编辑及使用。
(4) 掌握传统补间动画的制作方法。
(5) 初步运用传统补间动画，制作丰富的动画效果。
(6) 激发学生做一个优秀幼儿教师的职业梦想。

任务　制作传统补间动画——放飞梦想

> 读一读
> 　　孩子是一个放飞梦想的季节，有一首诗这样写道："我想把脚丫，接在柳树根上，伸进湿软的土地，汲取甜美的营养，长呀，长——，长成一座绿色的篷帐……"这就是孩子最纯真的梦想。尽管有些孩子的梦想永远都不能实现，尽管梦想有许多不确定因素，但是每一个人都在憧憬着未来，并为着或远或近的未来投入全部的努力。
> 　　能成为孩子梦想滋生的土壤，能为孩子的梦想插上腾飞的翅膀，是每一位幼儿教师最伟大的梦想！本次任务将要完成的就是一个关于幼儿"放飞梦想"的小动画。

【知识与技能】

1. 元件的种类

(1) 图形元件：静态的图形一般创建为图形元件，图形元件也可以是动画片段，但会与主时间轴同步运行。

(2) 影片剪辑元件：动态的、独立于主时间循环播放的动画片段创建为影片剪辑元件。

(3) 按钮元件：按钮元件是 Flash 影片中创建互动功能的重要组成部分，使用按钮元件可以在影片中响应鼠标单击、滑过或其他动作，然后将响应的事件结果传递给互动程序进行处理。

2. 元件的创建方法

(1) "插入"菜单→"新建元件"命令或按快捷键 Ctrl+F8，在打开的"创建新元件"窗口，命名，单击"类型"右侧的黑色下拉三角，选择元件的类型，单击"确定"按钮，该元件就会保存在"库"面板中，如图 4-48 所示。

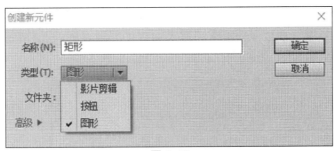

图 4-48

（2）图形元件的创建：可以在舞台中绘制一个图形，选择它单击鼠标右键，选择"转换为元件"命令或按 F8 键，打开"转换为元件"窗口，命名，选择类型，单击"确定"按钮，如图 4-49 所示。

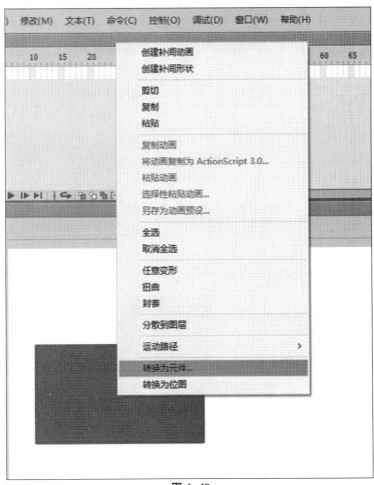

图 4-49

3. 元件的使用

选择"窗口"菜单→"库"命令或按快捷键 Ctrl+L 打开"库"面板。建立的元件会以列表的形式保存在"库"面板中,单击"库"面板下部列表中的元件名称,上部会显示该元件的具体内容,如图 4-50 所示。

图 4-50

按住鼠标左键将"库"面板列表中的元件拖拽到舞台上,就可以在场景中使用了,元件可以在影片中多次使用,场景中的元件称为实例,通过设置不同的属性值可以使实例发生变化,但不改变元件本身,如图 4-51 所示。

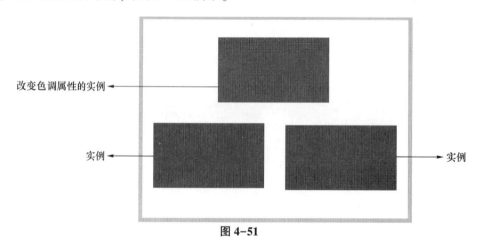

图 4-51

4. 元件的编辑

（1）在舞台中双击元件，进入元件的编辑窗口，再打开"属性"面板，就可以对该元件的相关属性进行修改和编辑，如图 4-52 所示。之后单击舞台左上角的"场景"图标，切换到场景中，场景中所有该元件都会随之变化，如图 4-53 所示。

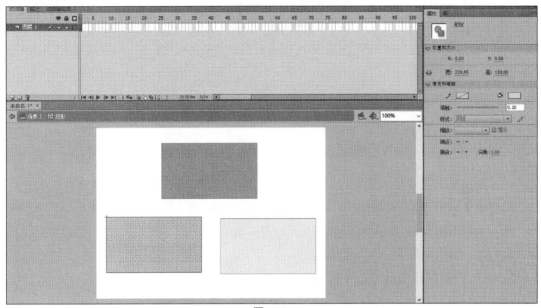

图 4-52

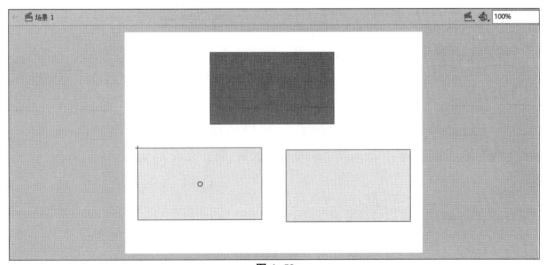

图 4-53

（2）单击舞台右上角的"编辑元件"按钮右下角的黑色三角，弹出已经创建的元件，想编辑哪个元件，单击选择就可以进入编辑该元件的窗口，如图 4-54 所示。

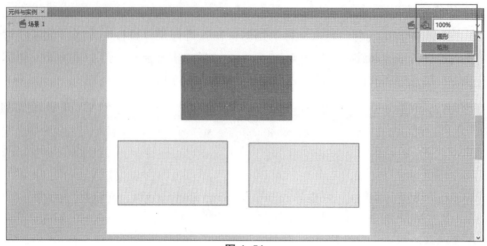

图 4-54

5. 元件的其他操作

在"库"面板下部列表中的元件名称上单击鼠标右键,在弹出的快捷菜单中进行剪切、复制、粘贴、重命名、删除等操作,如图 4-55 所示。

6. 传统补间动画

(1) 传统补间动画是指在 Flash 的时间帧面板上,在一个关键帧上放置一个元件,然后在另一个关键帧上改变这个元件的大小、颜色、位置、透明度等,Flash 自动根据二者之间帧的值创建动画。

(2) 构成传统补间动画的元素是元件,包括影片剪辑、图形元件、按钮、文字、位图、组合等,但不能是形状,只有把形状组合(按快捷键 Ctrl+G)或者转换成元件后才可以做传统补间动画。

(3) 传统补间动画建立后,时间帧面板的背景色变为淡紫色,在起始帧和结束帧之间有一个长长的实线箭头,如图 4-56 所示,如果动画创建后帧间为虚线箭头,则动画创建失败。有可能是起始关键帧中放置了不同的对象或对象被分离为形状导致的。

【任务实施】

(1) 利用传统补间动画的制作方法制作动画"放飞梦想",如图 4-57 所示。

传统补间动画

(2) 新建一个 Flash 文档,保存为"放飞梦想.fla"。设置舞台大小为 550 像素×400 像素,背景色默认为白色。

图 4-55

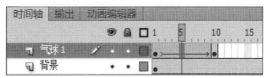

图 4-56

图 4-57

(3) 选择"文件"菜单→"导入"→"导入到库"命令,选择"背景.jpg"文件,单击"打开"按钮。

(4) 将图层 1 重命名为"背景",打开"库"面板,在第 1 帧处插入"背景.jpg",选择图片,通过"属性"面板调整大小为 550 像素×400 像素,使用"对齐"面板使其相对于舞台水平、垂直居中,如图 4-58 所示。在第 100 帧处插入帧,使背景持续显示到 100 帧。

(5) 选择"插入"菜单→"新建元件"命令,命名为"气球",类型选择"图形",使用"椭圆工具""多角星形工具""铅笔工具"绘制一个黄色气球,使用选择工具框选气球所有部分,在"属性"面板中更改气球的宽为"100"、高为"300",如图 4-59 所示。

(6) 新建图层 2 并重命名为"气球 1",打开"库"面板,将"气球"元件拖拽到舞台上,使用"任意变形工具"调整气球为合适的大小,并移动到舞台外,如图 4-60 所示。

(7) 在"气球 1"图层的第 10 帧处插入关键帧,将气球移动到舞台上方的合适位置,如图 4-61 所示。

(8) 在第 1 帧与第 10 帧中间的任何一帧处,单击鼠标右键,选择"创建传统补间"命令,如图 4-62 所示。传统补间动画创建完成后,第 1 帧与第 10 帧之间的过渡帧呈淡紫色,并有一条带箭头的直线,如图 4-63 所示。如果动画创建后帧间为虚线箭头,则动画创建失

图 4-58

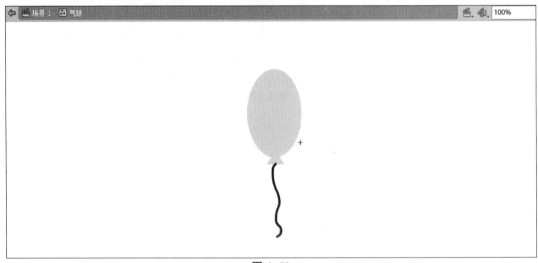

图 4-59

败，可以在过渡帧上单击右键，选择"删除补间"命令，删除后重新设置。单击时间轴面板底部的"播放"按钮或拖动播放头，预览气球位置变化的动画效果。

（9）新建图层 3 重命名为"气球 2"，在第 10 帧与第 20 帧之间先创建位置变化的传统补间动画，之后在第 30 帧处插入关键帧，并在"属性"面板中设置第 30 帧气球的颜色为"红色"，如图 4-64 所示，在第 20 帧与第 30 帧中间的任何一帧处，单击鼠标右键，选择"创建传统补间"命令，单击时间轴面板底部的"播放"按钮或拖动播放头，预览气球颜色变化的动画效果。在第 100 帧处插入帧。

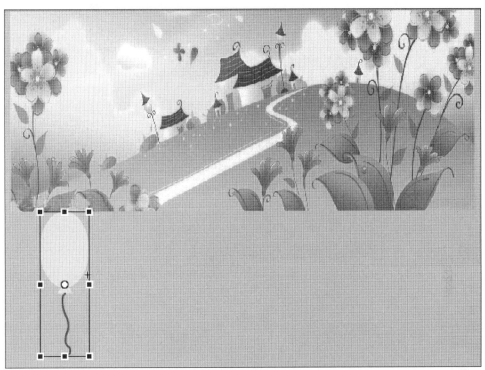

图 4-60

图 4-61

图 4-62

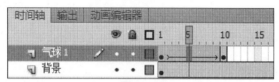

图 4-63

图 4-64

（10）新建图层 4 重命名为"气球 3"，在第 30 帧处插入关键帧，拖动"库"面板中的气球元件到该图层，大小为默认，设置气球颜色为"蓝色"，如图 4-65 所示。在第 40 帧处插入关键帧，调整气球的大小与前面的气球相同，移动并与前面的气球对齐，如图 4-66 所示，在第 30 帧与第 40 帧中间的任何一帧处，单击鼠标右键，选择"创建传统补间"命令，单击时间轴面板底部的"播放"按钮或拖动播放头，预览气球大小变化的动画效果。在第 100 帧处插入帧。

图 4-65

图 4-66

（11）新建图层5重命名为"气球4"，在第40帧处插入关键帧，拖动"库"面板中的气球元件到该图层，调整大小与前面的气球相同，调整"属性"面板中"样式"下拉菜单中的"Alpha"的值为0%，使气球为完全透明状态，如图4-67所示。在第50帧处插入关键帧，将"Alpha"的值设置为100%，使气球为完全不透明状态，如图4-68所示。在第40帧与第50帧中间的任何一帧处，单击鼠标右键，选择"创建传统补间"命令，单击时间轴面板底部的"播放"按钮或拖动播放头，预览气球透明度变化的动画效果。在第100帧处插入帧。

图 4-67

图 4-68

（12）新建图层6重命名为"文字"，在第50帧处插入关键帧，选取"文本工具"，在"属性"面板中设置文字的字体为"华文琥珀"、大小为"100"、颜色为"红色"，在舞台中间位置单击鼠标左键添加文字"放飞梦想"，如图4-69所示。在第60帧插入关键帧，在第50帧与第60帧中间的任何一帧处，单击鼠标右键，选择"创建传统补间"命令，然后用鼠标左键单击第50帧与第60帧之间的过渡帧位置，旋转"属性"面板中"旋转选项"下拉菜单中的"顺时针"，设置"旋转次数"为"1"，如图4-70所示，单击时间轴面板底部的"播放"按钮或拖动播放头，预览文字旋转的动画效果。在第100帧处插入帧。

图 4-69

图 4-70

（13）所有动画都制作完成后，单击"控制"菜单→"测试影片"→"测试"命令，或按 Ctrl+Enter 组合键测试动画输出效果，同时在同一目录下自动保存"放飞梦想.swf"影片文件。

【拓展学习】

请运用传统补间动画的制作方法创作题为"父爱如山"或"母爱如海"的动画型课件，辅助幼儿园大班完成感恩主题活动，要求使用传统补间动画的制作方法制作位置、颜色、大小、透明度、旋转等变化效果。

小球的弹跳运动

4.5 制作形状补间动画

【学习目标】

（1）了解形状补间动画的概念。
（2）理解形状补间动画的制作原理。
（3）掌握形状补间动画的制作方法。
（4）初步运用形状补间动画的制作方法进行创作。

任务 制作形状补间动画——形状变变变

【知识与技能】

1. 形状补间动画的概念

形状补间动画是在时间轴的一个关键帧上绘制一个形状，然后在另一个关键帧上更改该形状或绘制另一个形状，Flash 将自动根据二者之间的帧的值或形状来创建的动画。

2. 形状补间动画的作用

形状补间动画可以实现两个矢量图形之间颜色、形状、大小、位置的相互变化。

3. 形状补间动画的制作

（1）形状补间动画建立后，时间帧面板的背景色变为淡绿色，在起始帧和结束帧之间也有一个长长的实线箭头，如图 4-71 所示。如果两个关键帧之间为虚线，则表示动画创建不成功，一般为起始与结束关键帧中至少有一帧没有"分离"为形状。

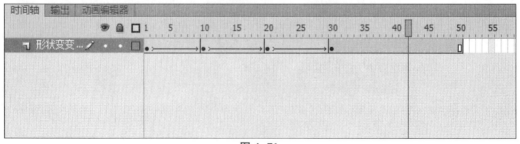

图 4-71

(2)构成形状补间动画的元素多为用鼠标或压感笔绘制出的形状,而不能是图形元件、按钮、文字等,如果要使用图形元件、按钮、文字,则必须先"分离"(按快捷键 Ctrl+B)后才可以做形状补间动画。

(3)文字参与形状补间动画时要将文字用快捷键 Ctrl+B 转换为形状,单个文字分离一次,多个文字要分离两次。

(4)导入的位图,要先转换为矢量图或用快捷键 Ctrl+B 分离为形状,再删除四周背景部分,才可以制作形状补间动画。

【任务实施】

(1)利用形状补间动画的制作方法制作小动画"形状变变变"。

(2)新建一个 Flash 文档,保存为"形状变变变.fla"。设置舞台大小为 800 像素×400 像素,背景色默认为白色。

(3)将图层 1 重命名为"形状变变变",选取椭圆工具,设置笔触颜色为无笔触,设置填充色为黄色,按 Shift 键同时绘制一个圆形,如图 4-72 所示。

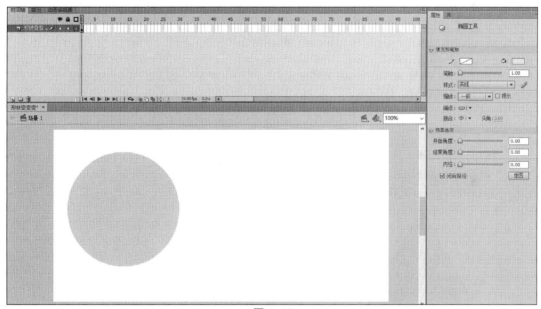

图 4-72

(4)在第 10 帧处插入空白关键帧,选取矩形工具,设置笔触颜色为无笔触,设置填充色为蓝色,绘制一个矩形,如图 4-73 所示。

(5)在第 20 帧处插入空白关键帧,选取多角星形工具,设置笔触颜色为无笔触,设置填充色为绿色,绘制一个三角形,如图 4-74 所示。

(6)在第 30 帧处插入空白关键帧,选取文本工具,设置文本的样式为"华文彩云",大小为"100",颜色为"红色",在舞台中间输入文字"形状变变变",选中文本框按快捷键 Ctrl+B 两次,将文字分离为矢量图形,如图 4-75 所示。

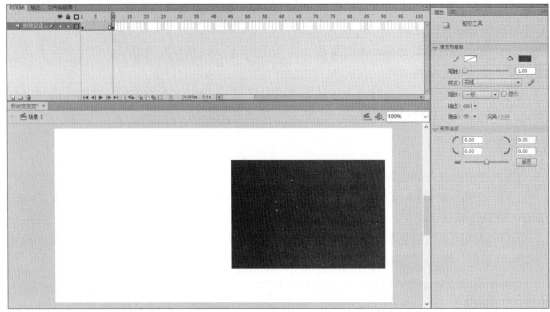

图 4-73

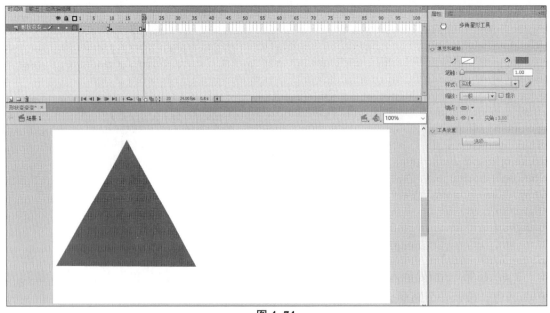

图 4-74

（7）在第 1 帧与第 10 帧之间的任何一帧处单击右键，选择"创建补间形状"，在第 10 帧与第 20 帧之间的任何一帧处单击右键，选择"创建补间形状"，在第 20 帧与第 30 帧之间的任何一帧处单击右键，选择"创建补间形状"，在第 50 帧处插入帧，如图 4-76 所示。单击时间轴面板底部的"播放"按钮或拖动播放头，预览形状补间动画效果。

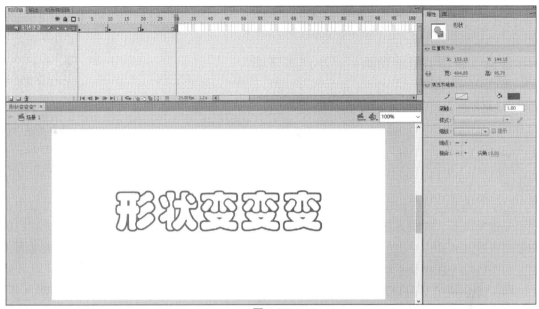

图 4-75

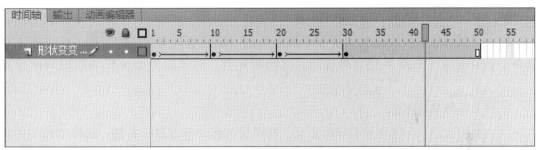

图 4-76

（8）所有动画都制作完成后，单击"控制"菜单→"测试影片"→"测试"命令，或按 Ctrl+Enter 组合键测试动画输出效果，同时在同一目录下自动保存"形状变变变 . swf"影片文件。

【拓展学习】

请运用形状补间动画的制作方法创作一个辅助幼儿园小班活动的课件，题目及内容自拟。

4.6 制作引导层动画

【学习目标】

（1）了解引导层及引导层动画的概念。
（2）理解引导层动画的制作原理。

· 125 ·

（3）掌握引导层的设置方法，结合传统补间动画，制作引导路径动画。

（4）初步运用引导层动画的制作方法进行创作。

任务　制作引导层动画——小汽车下山

【知识与技能】

1. 引导层、引导层动画的概念及原理

（1）引导层动画：在引导层中绘制路径，可以使运动渐变动画中的对象沿着指定的路径运动。

（2）引导层：是 Flash 引导层动画中绘制路径的图层，所以引导层中的内容可以是用钢笔、铅笔、线条、椭圆工具、矩形工具或画笔工具等绘制的线段，用来指示元件对象运行的路径。在绘制运动引导层的路径时，不宜过于复杂，有时过于复杂的引导曲线会造成动画失败。引导线也不能相交或断开。

（3）被引导层：被引导层中的对象是跟着引导线走的，可以使用影片剪辑、图形元件、按钮、文字等，但不能应用形状。被引导层中最常用的动画形式是传统补间动画，对象在被引导运动时，还可进行更细致的设置，如运动方向，在"属性"面板中，选中"路径调整"复选框，对象的基线就会调整到运动路径。

（4）在做引导路径动画时，按下工具栏中的"紧贴至对象"按钮 ，可以使"对象附着于引导线"的操作更容易成功，拖动对象时，对象的中心会自动吸附到路径端点上。

2. 引导层的创建方法

（1）直接选择一个将要被引导的图层，在图层名称处单击鼠标右键，选择"添加传统运动引导层"命令，如图 4-77 所示。添加完传统运动引导层后，如图 4-78 所示。

图 4-77

图 4-78

（2）在普通图层的名称位置上单击鼠标右键，选择"引导层"命令，使其自身变成引导层，如图 4-79、图 4-80 所示，再将其下面将被引导的图层拖拽到引导层附件，使其归属于引导层，拖动时注意拖放的位置及鼠标变化，如图 4-81 所示。

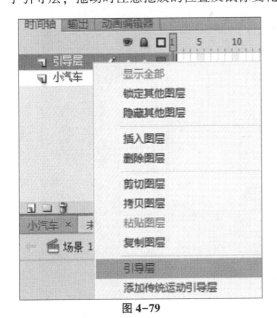

图 4-79

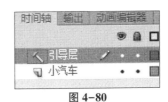

图 4-80

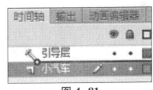

图 4-81

3. 引导层的解除

如果想解除引导层，则可以在图层区的引导层名称上单击鼠标右键，在弹出的菜单中选择"属性"命令，在"图层属性"对话框中选择"一般"，恢复成正常图层类型，如图 4-82 所示。

【任务实施】

（1）利用引导层动画的制作方法制作动画"小汽车下山"，如图 4-83 所示。

（2）新建一个 Flash 文档，保存为"小汽车下山.fla"。设置舞台大小为 550 像素×400 像素，背景色默认为白色。

（3）将图层 1 重命名为"背景"，选择"文件"菜单→"导入"→"导入到舞台"命令，选择"背景.jpg"文件，单击"打开"按钮。调整导入的背景图片，大小与舞台一致，位置与舞台对齐，如图 4-84 所示。在第 100 帧处插入帧，使背景持续显示到 100 帧。

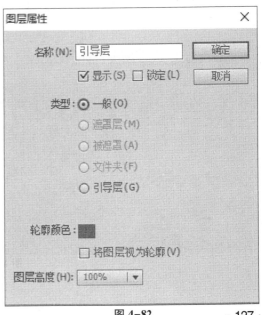

图 4-82

（4）将新建图层2重命名为"小汽车"，将准备好的背景透明的"小汽车"图片导入舞台，在第1帧处利用任意变形工具将小汽车缩小、旋转，并移动到山顶道路的起点位置，如图4-85所示。

图 4-83

图 4-84

图 4-85

(5) 在"小汽车"图层的第 50 帧处插入关键帧,移动小汽车到山下道路的终点位置,如图 4-86 所示。

图 4-86

(6) 在"小汽车"图层的第 1 帧与第 50 帧之间的任意一帧上单击鼠标右键，选择"创建传统补间"，完成了小汽车沿直线的运动，时间轴面板显示如图 4-87 所示。

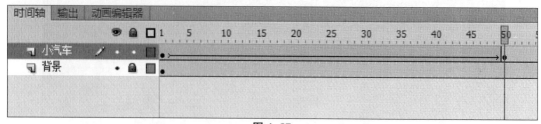

图 4-87

(7) 在"小汽车"图层名称位置处单击鼠标右键，在弹出的菜单中选择"添加传统运动引导层"，如图 4-88 所示。

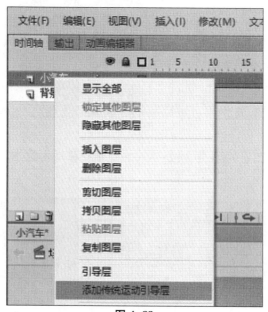

图 4-88

(8) 添加传统运动引导层后，时间轴窗口中就会增加一个"引导层"图层，利用铅笔工具在"引导层"图层中绘制一条平滑的曲线，曲线应与山上的道路一致，如图 4-89 所示。

(9) 调整小汽车的中心点与引导路径的起点和终点对齐，如图 4-90、图 4-91 所示，单击时间轴面板底部的"播放"按钮或拖动播放头，预览小汽车是否沿着引导路径运动。

(10) 为了使小汽车的运动更形象，在小汽车运动过程中的两个转弯处（第 8 帧和第 17 帧）插入关键帧，利用任意变形工具调整小汽车的外形，如图 4-92、图 4-93 所示。单击时间轴面板底部的"播放"按钮或拖动播放头，预览小汽车转弯的动画效果并不断调整。

图 4-89

图 4-90

（11）所有动画都制作完成后，单击"控制"菜单→"测试影片"→"测试"命令，或按 Ctrl+Enter 组合键测试动画输出效果，同时在同一目录下自动保存"小汽车.swf"影片文件。

图 4-91

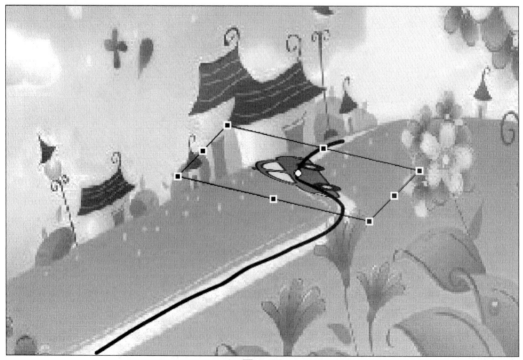

图 4-92

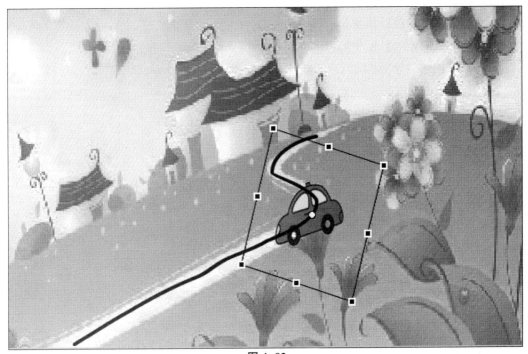

图 4-93

【拓展学习】

请运用引导层动画的制作方法创作题为"纸飞机"的动画型课件,辅助幼儿园中班活动,要求制作出丰富的动画效果。

【课后思考题】

(1) 一个动画是否可以有多个场景?
(2) Flash 除了可以导入图片,还可以导入哪些类型的文件?
(3) Flash 除了可以输出 Flash 影片(.swf)外,还可以输出哪些类型的文件?
(4) 钢笔工具绘制直线和曲线的方法是什么?
(5) 体验 Deco 工具的作用。
(6) 什么时候需要锁定图层?如何新建、删除、隐藏、显示、锁定、解锁图层?
(7) 插入关键帧与插入空白关键帧的区别是什么?
(8) 在什么情况下插入帧?
(9) 如何创建逐帧动画?
(10) 什么是形状补间动画?形状补间动画可以实现两个图形之间的哪些变化?
(11) 什么类型的对象不能直接做形状补间动画,必须先分离或转换为矢量图形后才可以做形状补间动画?
(12) 什么情况下需要创建元件?如何创建元件?
(13) 元件与实例之间有什么关系?
(14) 什么是传统补间动画?传统补间动画可以实现元件的哪些变化?

（15）构成传统补间动画的元素有哪些？
（16）什么是引导层？什么是引导层动画？
（17）被引导层中的对象类型有哪些？
（18）如何创建引导层？
（19）如何解除引导层？
（20）一个引导层是否可以关联多个被引导层？

第五模块

录屏软件的应用

【概述】

录屏软件是将屏幕画面录制成 MP4、AVI 等多种格式，可以使声音与录像同步。它的操作简单，及时高效，容易被人们接受，近些年来主要应用在教学中。目前比较常见的录屏软件有 KK 录像机、录屏大师、超级捕快、Camtasia Studio 等。

本模块主要通过 Camtasia Studio 软件，讲解 Camtasia Studio 软件的安装、录制、编辑、合成等功能，并通过任务形式完成一些基础案例。通过这些内容的学习，学生能够录制和编辑教学视频。

【内容导图】

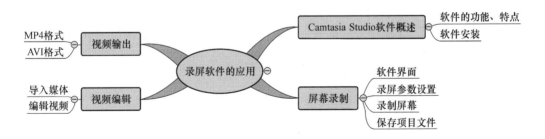

5.1 Camtasia Studio 软件概述

【学习目标】

(1) 了解 Camtasia Studio 软件的发展、原理及应用领域。

(2) 认识 Camtasia Studio 软件的主要功能。

（3）能在电脑上独立安装 Camtasia Studio 软件。

任务 1 填写"Camtasia Studio 软件的功能、特点"表格

请记录 Camtasia Studio 软件的功能、特点，完成表 5-1。

表 5-1

序号	功能	特点	备注
1			
2			
3			
4			

【知识与技能】

Camtasia Studio 软件是 TechSmith 旗下的一款专门录制屏幕动作的工具软件，它提供了强大的屏幕录像（Camtasia Recorder）、视频剪辑和编辑（Camtasia Studio）、视频菜单制作（Camtasia Menu Maker）、视频剧场（Camtasia Theater）和视频播放功能（Camtasia Player）等。使用本软件，用户可以方便地进行屏幕的录制和配音、视频的剪辑和过场动画、添加说明字幕和水印、制作视频封面和菜单、视频压缩和播放。

1. 录制屏幕功能

Camtasia Recorder 能在任何颜色模式下轻松地记录屏幕动作，包括影像、音效、光标的运动，菜单的选择，弹出窗口，层叠窗口，打字和其他在屏幕上看得见的所有内容。除了录制屏幕，Camtasia Recorder 还能够允许你在录制的时候在屏幕上画图和添加效果，以便标记出想要录制的重点内容。

2. 录制演示文稿功能

Camtasia Studio 中内置的录制工具 Camtasia Recorder 可以灵活的录制屏幕：录制全屏区域或自定义屏幕区域，支持声音和摄像头同步，录制后的视频可直接输出为常规视频文件或导入剪辑输出。

3. 具有强大的视频播放和视频编辑功能

有强大的后期处理能力，可在录制屏幕后，基于时间轴对视频片段进行各类剪辑操作、如添加各类标注、媒体库、Zoom-n-Pan、画中画、字幕特效、转场效果、旁白、标题剪辑等，当然也可以导入现有视频进行编辑操作，包括 AVI、MP4、MPG、MPEG、WMV、MOV、SWF 等文件格式。

4. 可输出为最终视频文件

编辑完成后，可将录制的视频输出为最终视频文件，它支持的输出格式也很全面，包括 MP4、WMV、AVI、M4V、MP3、GIF 等，并能灵活自定义输出配置，是制作录制屏幕、视频演示的绝佳工具，其中 MP4 格式是为 Flash 和 HTML5 播放优化过的。

任务 2　根据给定的 Camtasia Studio 软件安装程序，将软件安装在指定的电脑上

【知识与技能】

目前应用比较广泛的软件版本为 Camtasia Studio 8.6。这个版本需要 Windows 7 以上操作系统的支持，同时需要的电脑配置也较高（CPU 最好在 i5 以上）。

安装步骤

（1）下载 Camtasia Studio 8.6 软件安装源文件，并解压，如图 5-1 所示。

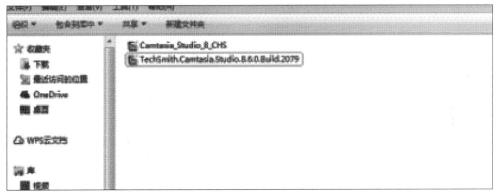

图 5-1

（2）以管理员身份运行 Camtasia.exe，出现以下窗口，选择 Next，如图 5-2 所示。

图 5-2

（3）输入"密钥.txt"中提供的密钥，输入完成后选择 Next。选择安装目录，进入下一步，如图 5-3 所示。

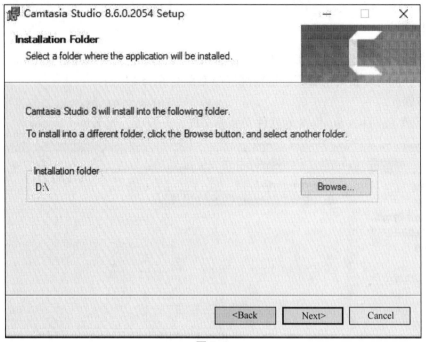

图 5-3

（4）选择 Next。等待安装完成，如图 5-4 所示。

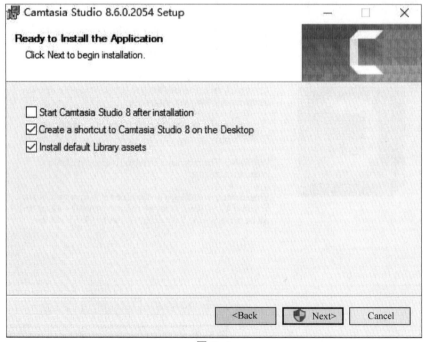

图 5-4

(5) 安装完成后，选择 Finish，如图 5-5 所示。

图 5-5

(6) 软件汉化以管理员身份运行 Camtasia Studio 8.6.0 CHS Patch，选择"开始"，如图 5-6 所示。

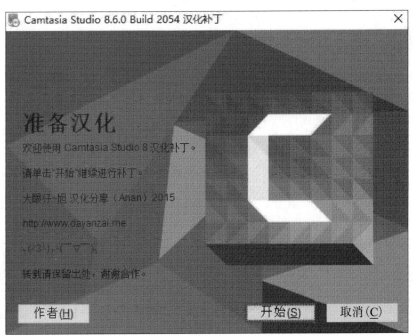

图 5-6

（7）汉化完成后，关闭。汉化成功，如图 5-7 所示。

图 5-7

安装好 Camtasia Studio 软件后，只需双击桌面上的 Camtasia Studio 图标，即可启动 Camtasia Studio 软件。

5.2 屏幕录制

【学习目标】

(1) 认识 Camtasia Studio 软件的工作界面。
(2) 能对 Camtasia Studio 软件的录屏参数进行设置。
(3) 能完成对演示文稿课件的录制。
(4) 能保存录制好的项目文件。

任务 完成对"奇妙的形状"演示文稿课件的录制并保存为项目文件

视频录制前，准备好要录制的素材，这里我们以上一章的演示文稿"奇妙的形状"为例，来讲解 Camtasia Studio 软件的录制过程。

部分演示文稿课件如图 5-8 所示。

【任务实施】

视频录制主要注意两个环节，视频录制的参数设置和录制的控制。视频录制的参数设置主要是指录制视频的尺寸大小、帧数等。录制的控制主要是指声音输入是否正常、声音的大小、是否要教师镜头、如何开始录制、暂停、停止和保存等。

录制屏幕

图 5-8

（1）启动录屏程序，认识 Camtasia Studio 界面，如图 5-9 所示。

单击窗口左上角的"录制屏幕"红色按钮，即可在屏幕右下角弹出一个新窗口，如图 5-10 所示。这个程序只有一个功能：录制屏幕。

（2）录屏参数的设置选项。

在上述窗口中，首先需要设置"选择区域"和"录制输入"两个部分。

在"选择区域"部分，如果我们需要录制电脑全屏（比如录制演示文稿播放），则选择"全屏幕"选项；如果我们只需要录制电脑屏幕的一部分，则可单击"自定义"按钮旁边的小箭头，并在弹出的菜单中选择"选择区域录制"，如图 5-11 所示，就可以用鼠标任意选定任意大小的屏幕录制区域了。在本任务中，我们选择全屏录制。

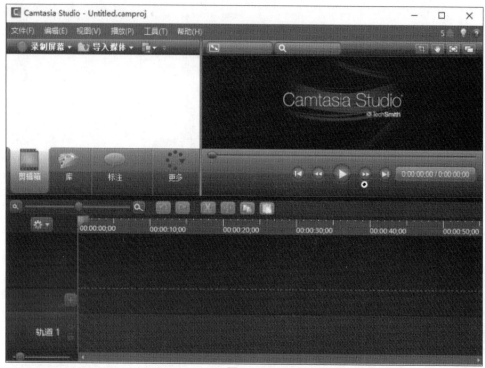

图 5-9

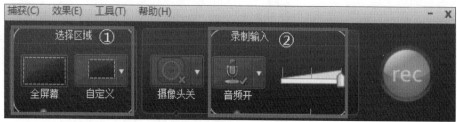

图 5-10

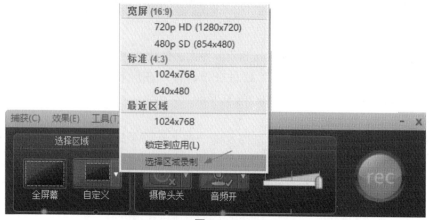

图 5-11

在"录制输入"部分，需要将声音设置为"音频开"的状态，并应特别注意：当周围有声音出现时，"音频开"右侧的音量控制条中应该有一个小绿条随着声音大小在跳动，如图5-12所示。只有这样，我们在录制屏幕时的旁白配音才能够被录制下来。

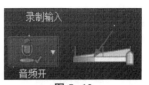

图 5-12

（3）开始录屏。

当完成以上两步操作时，我们就可以打开需要录制的演示文稿"奇妙的形状"，让演示文稿为放映状态，然后单击红色的"REC"按钮（快捷键F9）。

随后，屏幕上会出现如图5-13所示的"倒计时"提示。请注意图中红色的"F10"字样——这是停止Camtasia Studio录制的快捷键。倒计时结束后，屏幕虽然一切如常，但Camtasia Studio已经在记录屏幕上的所有画面以及麦克风中传来的一切声音了。此时，我们只需要边在电脑上操作、边进行语音讲解即可。

图 5-13

（4）保存录屏文件。

当我们完成录屏操作后，按键盘上的"F10"键就可以停止录屏操作了。此时，Camtasia Studio会出现"预览"窗口，如图5-14所示。

在通常情况下，我们无须仔细观看"预览"的内容，直接单击图5-14中右下角的"删除"或"保存并编辑"按钮即可。

如果我们对录制的视频不满意，则可以单击"删除"按钮。如果我们单击"保存并编辑"按钮，Camtasia Studio就会将录屏文件保存下来，并自动放置到主界面中，如图5-15所示。

打开"文件"—"保存项目"对话框，为视频文件选择一个保存的路径——桌面，并将文件命名为"奇怪的形状"。单击"保存"按钮，刚刚录制的视频被保存在桌面上，文件名为"奇怪的形状.camrec"，如图5-16所示。

【拓展学习】

将自己在上一模块中的演示文稿作品进行录屏。

录制要求：

（1）录制的屏幕参数设置为16 9，1024像素×768像素。

图 5-14

图 5-15

第五模块　录屏软件的应用

图 5-16

（2）启用摄像头和音频。
（3）保存项目文件为"录屏 ppt.camrec"。

5.3　视频编辑

【学习目标】

（1）熟悉 Camtasia Studio 软件的编辑界面。
（2）掌握编辑素材的导入方法。
（3）能对录制的视频进行剪切、分割、设置转场效果、插入标注等编辑。
（4）能对编辑的视频生成输出。

任务　对"奇怪的形状.camrec"项目文件进行编辑

我们在录制屏幕视频时，总避免不了出现一些失误，比如画面不清、讲解语音不准或者口误，针对这些情况，我们对录制的视频素材通常要进行剪辑、分割、插入标注等相关编辑。

【任务实施】

1. 导入媒体

在对任何一段媒体素材进行操作之前，必须先将该媒体素材导入 Camtasia Studio。

导入媒体的方法如图 5-17 所示：首先单击录制屏幕之后的"导入媒体"按钮，然后在弹出的对话框中选择需要的媒体文件，单击"打开"按钮。

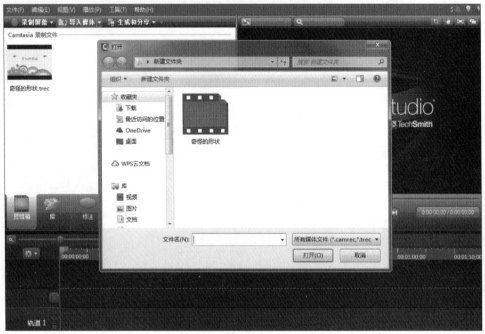

图 5-17

再将"奇怪的形状.camrec"文件拖动到视频轨道中，在视频轨道中可以对视频进行编辑，同时在预览窗口显示视频内容，如图 5-18 所示。

图 5-18

注意事项：

有些视频素材在导入时会提示"无法载入文件"，这是因为 Camtasia Studio 只能支持少数几种视频格式。此时，需要借助视频格式转换工具（如格式工厂），将视频素材转换为更为通用的 MP4、WMV 等格式方可。

2. 编辑视频

在图 5-19 中，单击右侧预览窗口中部的"播放"按钮，预览窗口的视频就会开始播放。与此同时，图中的时间标尺也会在时间轴上运动——事实上，时间标尺指示的正是当前画面的时间。因此，当我们手工拖动时间标尺、改变其在时间轴上的位置时，右上部的视频画面也会随之变化。

图 5-19

（1）剪切视频。

在通常情况下，我们都是通过播放视频，找到错误部分（区域）的大致位置。然后会把时间标尺置于错误部分（区域）的左边缘或右边缘。

在图 5-19 中，我们可以观察到时间标尺有两个"耳朵"。只需拖动时间标尺的左右"耳朵"，就可以选出一片亮蓝色的区域，如图 5-20 所示。然后单击时间轴上的"剪刀"按钮，即可将亮蓝色区域剪除。

剪切视频

有的时候，需要剪除的区域范围很小（时间很短），比如小口误等。在这种情况下，我们很难在时间轴上精确选择。此时，我们需要"放大"时间轴，方法是：将时间轴上方的"缩放滑杆"向右拖动，如图 5-21 箭头所示。

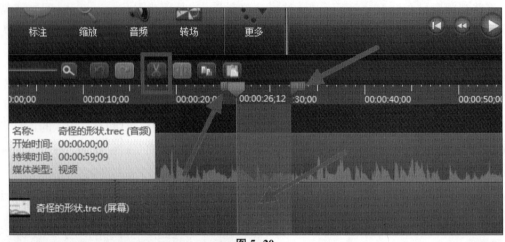

图 5-20

图 5-21

请注意：上面两幅图片其实是同一个选中范围，只是时间轴单位不同而已。

（2）分割视频。

拖动时间标尺到需要分割的时间点，然后单击时间线上方工具栏的"分割"按钮，就可以将视频从选择的时间点分割，如图 5-22 所示。

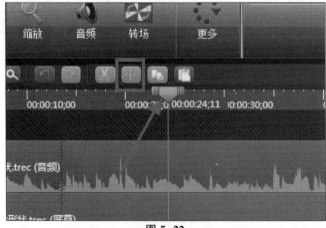

图 5-22

我们将时间标尺移动到录制视频中"长方形"和"正方形"两张演示文稿之间,然后单击分割按钮,完成视频的分割。

(3) 转场效果。

为增加录制视频的艺术效果,在从一个视频向另一个视频过渡的时候,可以设置特定的转场效果。

我们要在刚刚分割的两段视频中间加入"转场"效果,单击时间线上方选项卡里的"转场"按钮,弹出如图 5-23 所示的转场效果图。

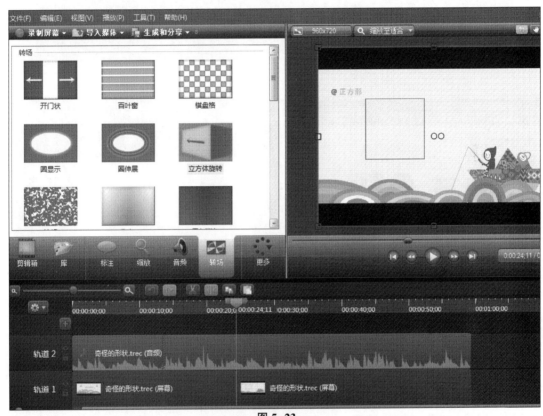

图 5-23

选择"立方体旋转"转场效果,按住鼠标左键直接拖到视频连接处,完成转场效果添加,如图 5-24 所示。单击预览窗口播放按钮,查看转场效果。

(4) 插入标注。

插入标注是为了对录制的视频内容加以解释说明。

我们将时间标尺放在需要进行标注的时间点,然后单击中排大按钮"标注"进入编辑菜单,并单击选中矩形标注按钮,如图 5-25 所示。

此时,时间轴轨道中就会自动添加标注轨道,并显示出代表矩形文字标注的梯形框,如图 5-26 所示。

接下来我们就需要对标注的参数进行设置。

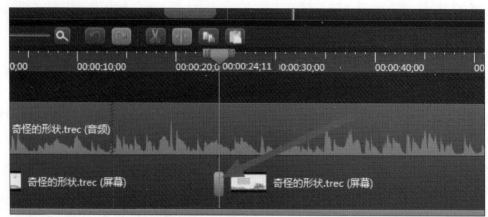

图 5-24

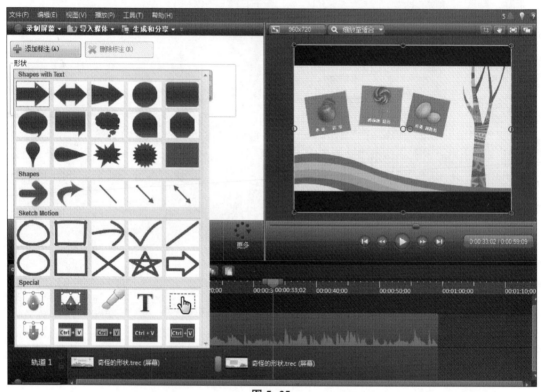

图 5-25

①针对矩形文字标注来说,可在如图 5-27 所示的编辑区中输入文字"生活中的图形",并设置文字字体为新宋体,字号为 28,颜色为红色。

②在图 5-28 的预览窗口中,可用鼠标拖动调整标注在屏幕中的大小和位置。我们将"矩形标注"拖到视频画面的中下居中位置。

③在时间轴轨道上,则可以调整该标注在视频中显示的时间点、时长等。我们调整"矩形标注"的时长和此张演示文稿等长,如图 5-29 所示。

当设置完所有的参数时，需要将时间游标调整到标注效果的左侧，并播放以检查标注效果。

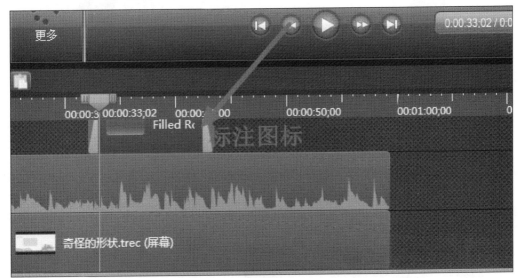

图 5-26

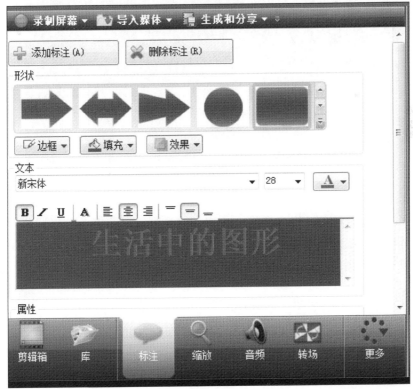

图 5-27

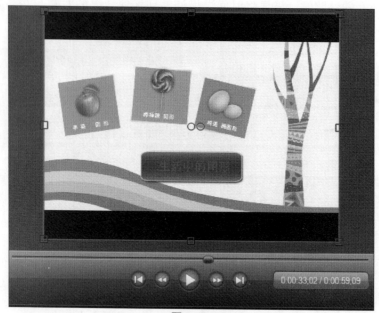

图 5-28

图 5-29

（5）音频设置。

单击时间线上方选项卡里的"音频"按钮，对视频录制的声音可以调节大小，每单击一次按钮声音都增大或减小 25%，如图 5-30 所示，我们将录制的音量减小 25%。

此时完成对"奇怪的形状.camrec"项目文件的编辑，保存项目文件。

【拓展学习】

将上一节中录制的项目文件"录屏 ppt.camrec"进行编辑。

（1）按要求导入项目文件"录屏 ppt.camrec"。

（2）对项目文件进行编辑，将多余或错误的视频剪切掉。

（3）加标注，设置转场效果，将音量调大 25%，并设置淡入淡出。

（4）保存项目文件。

图 5-30

5.4 视频输出

【学习目标】

（1）能对编辑好的项目文件视频输出。

（2）能对视频输出格式进行设置。

任务　将编辑好的"奇怪的形状.camrec"项目文件生成 MP4 视频文件

【任务实施】

选择菜单"文件"—"生成并共享"命令，弹出视频"生成向导"窗口，在这里选择"自定义生成设置"选项，单击"下一步"按钮，如图 5-31 所示。

弹出"视频格式选择"窗口，根据视频制作的需要选择 MP4 格式，单击"下一步"，如图 5-32 所示。

在"智能播放器选项"中，我们一般都选择默认值，把视频大小设置为 960 像素×720 像素，视频帧速率设置为 15 帧/秒，音频设置中音频编码设置为 128kbps，设置完成后单击"下一步"，如图 5-33、图 5-34、图 5-35 所示。

在图 5-36 中，将项目名称设置为"奇怪的形状"，在"文件夹"选项中，将视频保存位置设置为桌面，其他为默认值，单击"完成"，文件进行渲染，如图 5-37 所示。

等项目文件渲染完成，在桌面指定位置上生成视频文件，完成视频的输出。

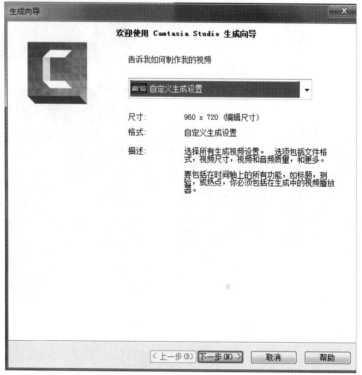

图 5-31

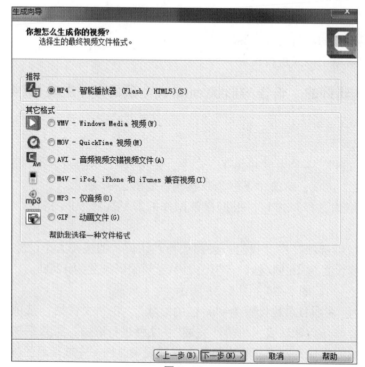

图 5-32

第五模块　录屏软件的应用

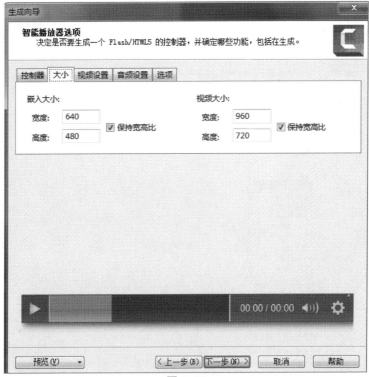

图 5-33

图 5-34

图 5-35

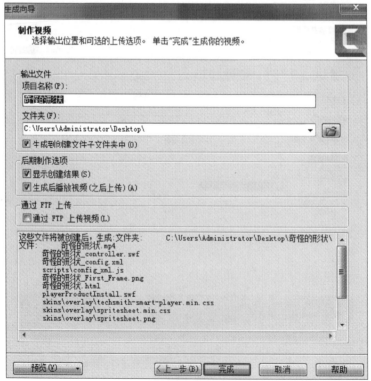

图 5-36

第五模块　录屏软件的应用

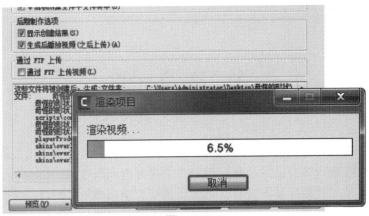

图 5-37

【拓展学习】

将上一节中编辑的项目文件"录屏 ppt.camrec"进行视频输出。

（1）将项目文件生成 AVI 格式。

（2）视频大小设置为 1024 像素×768 像素，视频帧速率设置为 15 帧/秒，音频设置中音频编码设置为 128kbps。

（3）视频命名为"录屏 ppt.avi"，保存位置为桌面新建文件夹。

【课后思考题】

（1）简述 Camtasia Studio 软件的基本功能。

（2）Camtasia Studio 软件安装重点要注意哪几个问题？

（3）在 Camtasia Studio 软件录制视频前，需要提前准备哪些内容？怎样设定录制屏幕的范围？

（4）在 Camtasia Studio 软件中，都能够导入哪些格式的媒体文件？

参 考 文 献

［1］祖国强.幼儿园多媒体课件设计与制作基础［M］.上海：复旦大学出版社，2011.
［2］黄映玲，徐苑.现代教育技术［M］.北京：人民邮电出版社，2013.
［3］王云，李志河.现代教育技术［M］.北京：清华大学出版社，2011.
［4］刘万辉.微课开发与制作技术［M］.北京：高等教育出版社，2015.
［5］杨毅，李梅，雷颋，等.幼儿园多媒体课件设计与制作［M］.北京：人民邮电出版社，2017.